ROADTRIPS PORTUGAL

Unvergessliche Traumrouten für den perfekten Urlaub mit Auto, Camper & Motorrad

Ulrike Jeute

ROADTRIPS PORTUGAL

Unvergessliche Traumrouten für den perfekten Urlaub mit Auto, Camper & Motorrad

BRUCKMANN

INHALT

← Das Denkmal der Entdeckungen in Belém zeigt wichtige portugiesische Persönlichkeiten. ← Portugal hat viele schöne Strände.
↑ Wunderbar kunstvolle Keramik aus Sagres ↑ Strandläufer am langen Sandstrand von Praia do Cabeço

← Orangenbäume entlang der Landstraße – typisch Portugal ↑ Der bunte Leuchtturm an Madeiras Küste ist aus der Ferne gut sichtbar.
→ Die Felsenhöhle von Benagil liegt an der Algarve im Süden Portugals.

WIZARD

Die Steinbrücke über den Fluss Douro befindet sich in Peso da Régua.

WILLKOMMEN IN PORTUGAL

ERSTAUNLICHE EINBLICKE

Die Schönheit des Landes und die Mentalität seiner Bewohner lassen sich nicht in Zahlen und Statistiken fassen – und doch erstaunen manche Fakten über das beliebte Urlaubsziel im Südwesten Europas: Stichworte Wein, Tee, Wasseranteil und Linksverkehr.

BEM VINDO A PORTUGAL

Portugal wurde 1143 gegründet, ist der westlichste Punkt Kontinentaleuropas, teilt sich seine Grenzen im Norden und Westen mit Spanien und stößt im Osten und Süden an den Atlantik. Die zwei autonomen Regionen im Atlantik sind die Inselgruppen Madeira und Azoren. Seit 1900 hat sich die Einwohnerzahl verdoppelt, heute leben gut 10,3 Millionen Menschen in Portugal. Pro Jahr kommen mehr Touristen ins Land, als es Einwohner hat.

ALTO DOURO

Die älteste Weinbauregion der Welt mit geschützter Herkunftsbezeichnung liegt in Portugal – genauer gesagt im Nordosten Portugals, dort, wo der Douro durch eine atemberaubend schöne Natur- und Kulturlandschaft fließt und bei Porto in den Atlantik mündet. Die Weinbauregion Alto Douro ist nicht nur die weltweit älteste, sie ist seit 2001 auch UNESCO-Weltkulturerbe und schaut auf eine mehr als 2000-jährige Geschichte zurück.

SPRACHEN

In Portugal gibt es zwei offizielle Landessprachen: Portugiesisch und Mirandés. Mirandés wird nur in einigen wenigen Ortschaften nahe der spanischen Grenze im Norden des Landes gesprochen. Entwickelt hat sich diese Sprache seit dem 12. Jahrhundert. Seit dem 17. September 1998 ist sie neben Portugiesisch als Amtssprache anerkannt und darf in den örtlichen Verwaltungen und auch bei Amtshandlungen benutzt werden.

TEMPURA

Portugiesische Jesuiten haben das erfunden, was heute in jedem japanischen Restaurant auf der Speisekarte steht: Tempura. Die Missionierung der Japaner durch die Mönche hatte nur mäßigen Erfolg. Dafür blieben die Zubereitung von Fisch (und anderen Lebensmitteln) im frittierten Teigmantel und der portugiesische Name.

WASSERSTAAT

Die Grenzen Portugals erstrecken sich bis weit in den Atlantischen Ozean hinaus und umfassen ausgedehnte Meeresgebiete rund um die Azoren und Madeira. Rechnet man diese auf die Fläche des Landes um, bedeutet das, dass Portugal zu etwa 95 Prozent aus Wasser besteht. Führt man die Rechnung noch weiter, stellt man fest, dass die Meeresgebiete mehr als das 18-Fache der Landfläche ausmachen.

TEATIME: PORTUGIESISCHER IMPORT

Der portugiesischen Adeligen Katharina von Braganza, die im Zuge ihrer Hochzeit mit dem englischen König Charles II. den Tee, den sie so sehr mochte, im 17. Jahrhundert auf die Insel brachte, verdanken die Briten ihre Teatime. Tee war damals auf der britischen Insel noch nicht bekannt. Dank Katharina tauschten die Briten alsbald den Kaffee gegen Tee. In Portugal füllen sich noch heute zwischen 16 und 17 Uhr merklich die Cafés, allerdings um zur »Teatime« *bica* oder *galão* zu genießen.

KORK

Der weltweit größte Exporteur von Kork heißt Portugal. Rund 60 Prozent des weltweit gehandelten Korks kommt hierher – das meiste davon aus dem Alentejo. Die Korkeichenwälder heißen hier »Montado«, und es gibt sie seit über 1000 Jahren. Das Schälen der Rinde ist nachhaltig, denn der Baum regeneriert sich von selbst.

VOM LINKS- ZUM RECHTSVERKEHR

Zwischen England und Portugal besteht nicht nur das älteste diplomatische Bündnis Europas (seit 1373 bzw. 1386), sondern die Beziehung brachte auch den Linksverkehr hierher. Erst 1928 wurde auf Portugals Straßen auf Rechtsverkehr umgestellt.

KÜSTEN, WEIN UND GANZ VIEL GRÜN

EINE LIEBE AUF DEN ERSTEN BLICK

... das ist Portugal für viele Urlauber, die oftmals gar nicht sicher waren, ob sie überhaupt in den äußersten Südwesten Eurpoas reisen wollen. Es ist ein Land, das an jeder Ecke überrascht, jede Region ist einmalig, es gibt verbindende Elemente und ebenso viel Einzigartiges. Mit Kultur, Schönheit und einer Unberührtheit, mit der man so nicht gerechnet hat, wird man in den Bann gezogen.

Oft steht Portugal im Schatten des Nachbarn Spanien, und viele glauben, dass, wenn sie Spanien besucht haben, eine Reise nach Portugal nicht mehr nötig ist, da beide Länder wenn auch nicht gleich, aber doch ähnlich sind. Das sind sie aber nicht! Zwar kommt der Nordspanier dem eher freundlich zurückhaltenden Temperament der Portugiesen am nächsten und der an der östlichen Algarve wohnende Südportugiese dem Spanier, doch wie der Vergleich von Äpfeln und Birnen wird auch dieser der Wirklichkeit nicht gerecht. Deswegen sollte man sich aufmachen und sich selbst ein Bild verschaffen.

Im Norden, an der rauen Küste und in den Bergen könnte man fast das Gefühl haben, in Irland zu sein. Mauerreste, Burgruinen, schroffe Felsen und Megalithen, alles da, alles

Die Altstadt von Porto am Fluss Douro, auf dem die Rabelo-Boote liegen

ähnlich, aber eben doch anders – portugiesisch. Portugal ist ein Land voller Kontraste, schwankend zwischen Tradition und Moderne, das es aber schafft, die Traditionen zu bewahren und Modernität zuzulassen. Ein Land, von dem man glaubt, man kenne es – und denkt dabei an die Algarve, vielleicht noch an Lissabon und Porto. Doch fährt man dann los, merkt man, dass man eigentlich gar nichts über das Land weiß. Höchste Zeit, das zu ändern!

Wo fängt man an, wo hört man auf? Egal wo, es wird sich lohnen. Und eines ist gewiss: In Portugal gibt es nie nur Kultur oder nur Natur, etwas von dem jeweils anderen taucht unerwartet immer auf. Portugal ist kein reiches Land, gemessen an seinem Einkommen, aber reich an Naturschätzen, Welterbestätten und Küste. Die Portugiesen sind Meister darin, aus dem, was sie haben, das Beste zu machen. Entlang der Küste sind das kulinarisch gesehen Fischgerichte, im Landesinneren und in den Bergen Fleisch und alles, was der Boden hergibt. Sie haben eine Vielfalt an Weinen, sie produzieren bestes Olivenöl, und viele Wurst- und Fleischwaren werden aus einheimischen Tierrassen hergestellt. Der Käse könnte ganz vorne mitspielen, ebenso das Öl, wenn die Portugiesen offensivere Vermarkter wären, aber dann wäre es vielleicht nicht mehr typisch portugiesisch – vornehm zurückhaltend.

Eine lange Geschichte …

Einst war Portugal ein bedeutendes Land, ein wichtiger Handelspartner und ein Land der Entdecker und Eroberer. Es brachte große Persönlichkeiten hervor, wagte sich in unbekanntes Terrain vor und machte den Weg frei für die anderen. Die längste zwischenstaatliche Beziehung besteht zu Großbritannien. Wein, den die Römer vor mehr als 2000 Jahren auf portugiesischen Boden brachten, war neben Fisch und Salz der größte Exportschlager. Vom Linksverkehr trennte man sich, die diplomatischen Verträge zwischen beiden Ländern aber bestehen seit dem 14. Jahrhundert.

Von Heinrich dem Seefahrer haben viele gehört, aber dass er Portugiese war – wer weiß das schon? Das größte Segelschiff seiner Zeit hat er entwickelt: die Karavelle, ein Vorbild für die Nachwelt. Die Portugiesen haben den Seeweg nach Indien entdeckt und ihr Piri Piri mitgebracht, die kleine scharfe Schote, die auch heute noch Teil der indischen Gewürzküche ist. Silves an der Algarve war einst ein Zentrum maurischer Hochkultur, bedeutender und schöner als die heute noch bekannten spanischen Pendants. Und was ist davon geblieben? Die Erinnerung an die großen Zeiten, die Burgen und Schlösser, die Ruinen und Gesänge. Aber die Vergänglichkeit haben die Portugiesen nie beklagt, das liegt ihnen nicht. In ihren historischen Gesängen, Fado und Cante Alentejano, bringen sie ihre Wehmut und ihre Klagen zum Ausdruck. Ansonsten machen sie das Beste aus ihrer großen Vergangenheit und bieten dem Besucher das, was sie haben, in all seiner Vielfältigkeit und nicht immer prachtvoll, sondern gern auch mit marodem Charme, aber immer echt.

Die schönste Art des Reisens

Ein Roadtrip ist der schönste Weg, das Land kennenzulernen. Der Norden, so ganz anders als der Süden, ist geprägt von sattem Grün und durchzogen von vielen Flüssen und Gebirgszügen. Gigantische Brücken verbinden die Täler, und auch Kulturschätze gibt es reichlich. Das zentrale Portugal besticht mit Olivenhainen, Feldern und Korkeichen, es ist landwirtschaftlich geprägt und überrascht mit UNESCO-Weltkulturerbe. Es ist schön, charmant und ursprünglich.
An der Südküste geht es dann die Promenade entlang, so wie man es sich für einen Strandurlaub wünscht.
Die Westküste zeigt schließlich noch einmal von allem etwas: unberührte Natur, atemberaubende Felsformationen, tosendes Meer, gigantische Wellen und unweit davon die Hauptstadt Lissabon, eine Perle, ein Juwel, eine Stadt, in der man unbedingt einmal gewesen sein muss.
Ein Roadtrip durch Portugal bedeutet eine der entspanntesten Arten des Reisens, die man sich vorstellen kann. Das Fahren hier ist so relaxt wie seine Bewohner. Die Straßen sind meist gut und die Autobahnen noch besser. Wer einen Wagen mietet, sollte die Mautbox am besten gleich mitmieten, dann kann man spontan entscheiden, wo es langgeht, ob auf der Autobahn oder über die Landstraße. Viel Spaß beim Roadtripping, beim Erinnerungen schaffen und beim Genießen!

Camper pausieren an einer Klippe bei Nazaré mit atemberaubenden Aussichten.

UNSER NACHHALTIGKEITSKODEX

Die Welt birgt viele Wunder, Abenteuer und spektakuläre Aussichten, die wir gerne erkunden möchten. Doch sie ist auch leicht aus dem Gleichgewicht zu bringen. Hier ein paar Tipps, wie wir unsere Welt nachhaltig entdecken können:

- **Die Hauptsaison meiden:** Wenn wir nicht gerade auf die Ferienzeiten angewiesen sind, können wir der Umwelt einen großen Gefallen tun, indem wir in der Nebensaison verreisen. Damit tragen wir zu einer gleichmäßigeren Auslastung der Umwelt und der Infrastruktur bei, und der Urlaub wird dazu auch noch wesentlich entspannter.

- **Die Aufenthaltsdauer dem Reiseziel anpassen:** Je weiter das Reiseziel ist, desto länger sollte der Aufenthalt sein. Dadurch lernen wir die Region nicht nur intensiver kennen, sondern stärken sie ganz nebenbei noch durch unsere Ausgaben vor Ort. Anfahrtsintensive Tagesausflüge sollten besser vermieden werden, das bedeutet nur Stress, sowohl für die Umwelt als auch für uns selbst.

- **Umweltbewusst fahren:** Reisen mit dem Auto oder Womo sind grundsätzlich umweltfreundlicher als mit dem Flugzeug, dennoch können wir noch mehr tun und zum Beispiel den Kraftstoffverbrauch minimieren, indem wir vorausschauend fahren, so wenig Last wie möglich mit uns führen und die Umgebung vor Ort mit dem Fahrrad oder zu Fuß erkunden.

- **Nur dort parken und campen, wo es erlaubt ist:** Selbst wenn wir uns noch so vorbildlich verhalten und unseren Aufenthaltsort so hinterlassen, wie wir ihn vorgefunden haben, stören wir den Lebensraum von Wildtieren und hinterlassen Spuren und Gerüche. Auch Lagerfeuer entzünden wir ausschließlich an den dafür vorgesehenen Stellen und achten dabei auf Waldbrandstufen und Naturschutzgebiete.

- **Ressourcen gewissenhaft nutzen:** Manche Umweltressourcen sind bereits knapp, endlich sind auf jeden Fall alle. Um sie zu schonen, sollten wir sparsam mit ihnen umgehen, gerade in Gegenden, in denen zum Beispiel Wasser oder Strom nicht im Überfluss vorhanden sind.

- **Ein guter Gast sein:** Nachhaltig unsere Umgebung zu erkunden, bedeutet auch, der hiesigen Flora und Fauna mit Respekt zu begegnen. Pflanzen sollten auf keinen Fall gepflückt werden, aber sie stehen uns bestimmt gerne Modell für das eine oder andere Foto. Das Gleiche gilt für wilde Tiere: Wir füttern sie nicht, halten Abstand und beobachten sie aus der Ferne.

- **Auf den Wegen bleiben:** Wer die vorgegebenen Wege verlässt, dringt nicht nur in die Rückzugsräume heimischer Arten ein, sondern trägt auch dazu bei, dass sich neue Wege bilden, was zur Erosion des Bodens führt.

- **Abfall wieder mitnehmen:** Plastikverpackungen jeglicher Art, Dosen, Flaschen und Papiertaschentücher (es dauert Jahre, bis sich ein einzelnes Taschentuch vollständig abgebaut hat!) gehören nicht in die Natur, sondern artgerecht entsorgt. Am besten gleich eine wiederverwendbare Brotdose oder Trinkflasche mitnehmen. Dazu zählen natürlich auch Toilettenpapier und der Inhalt von (Chemie-)Toiletten. Entsprechende Entsorgungsstationen finden sich überall.

- **Lokal kaufen:** Dadurch lernen wir Land und Leute besser kennen und unterstützen die regionale Wirtschaft, außerdem sind regionale Produkte meist auch preisgünstiger und qualitativ hochwertiger.

So wie wir die Umwelt respektieren, wollen wir auch unseren Mitmenschen und deren Kultur Respekt entgegenbringen, gerade im Hinblick auf deren Traditionen, Religion oder typische Gebräuche. So können ein Lächeln oder ein paar Worte in der Landessprache Berge versetzen!

HOCH OBEN IM NORDEN PORTUGALS

Der Norden Portugals, zwischen Porto und der spanischen Grenze, gilt als der heimliche Liebling der Portugiesen. Im Westen der Atlantik mit seiner Wildheit und den herrlichen Stränden, ein Nationalpark entlang der spanischen Grenze, der süffige Vinho Verde und ganz viel Geschichte lassen nicht nur portugiesische Herzen höher schlagen!

Vila do Conde heißt seine Besucher bereits bei der Ankunft herzlich willkommen, und das auf seine ganz eigene Art. Kaum dass man den Ort ansteuert, erhebt sich geradezu majestätisch das imposante Aquädukt aus dem 18. Jahrhundert. Zwar hier und da unterbrochen, ist es in seiner erhaltenen Länge überaus beeindruckend. Kein Wunder, dass es seit jeher als Wahrzeichen des Fischer- und Badeortes gilt. Der ortseigene Sandstrand lädt mit seiner Promenade zum Lauschen der Wellen und Flanieren ein, bevor es entlang der Küste weiter Richtung Norden geht.

Ganz entspannt verläuft die Strecke über die N13 nordwärts, das nächste Ziel, Viana do Castelo, die nördlichste Hafenstadt Portugals, im Visier. An der Mündung des Rio Lima gelegen, besticht der Ort nicht nur durch sein malerisches Stadtbild. Viana do Castelo lockt zusätzlich mit langen feinen Sandstränden und einem reizvollen Flussufer. Stattliche Herrenhäuser,

INFO

Start: Vila do Conde
Ziel: Bragança
Länge: ca. 345 Kilometer
Dauer: 3–4 Tage
Beste Reisezeit: April bis Oktober

Das türkisblaue Wasser am Sandstrand von Vila do Conde im Norden Portugals

die an alte Zeiten erinnern, eine Basilika, die nach dem Vorbild der Pariser Sacré-Cœur erbaut wurde, die Brücke Ponte Eiffel, vom Konstrukteur Gustave Eiffel höchstpersönlich entworfen, und ein Museeumsschiff, das einst als Hospitalschiff fungierte, runden das Bild ab.
Dem Flussufer des Rio Lima folgend, geht es auf der N202 ins Landesinnere nach **1 Ponte de Lima**. Die Strecke passiert dabei ein Örtchen nach dem anderen. Mal säumen hübsch hergerichtete Häuser entlang alter Steinmauerfragmente, mal Gehöfte mit marodem Charme, mal gemächlich grasende Schaf-, Ziegen- oder Rinderherden, üppiges Grün und die ein oder andere Weinrebe den Straßenrand. In den Ortschaften finden sich oft kleine Schilder, die auf besondere Haltepunkte hinweisen. Sofern das Auto nicht zu breit ist und man sie rechtzeitig erspäht, einfach mal den Blinker setzen und ihnen folgen. Mit hoher Wahrscheinlichkeit landet man an einem idyllischen Fleckchen, wo man sich z. B. die Beine vertreten kann – so etwa in Esteiro, wo das Schild den Weg zum Parque de Lazer de São Salvador da Torre weist. In Ponte de Lima angekommen, präsentiert sich das Städtchen bereits am

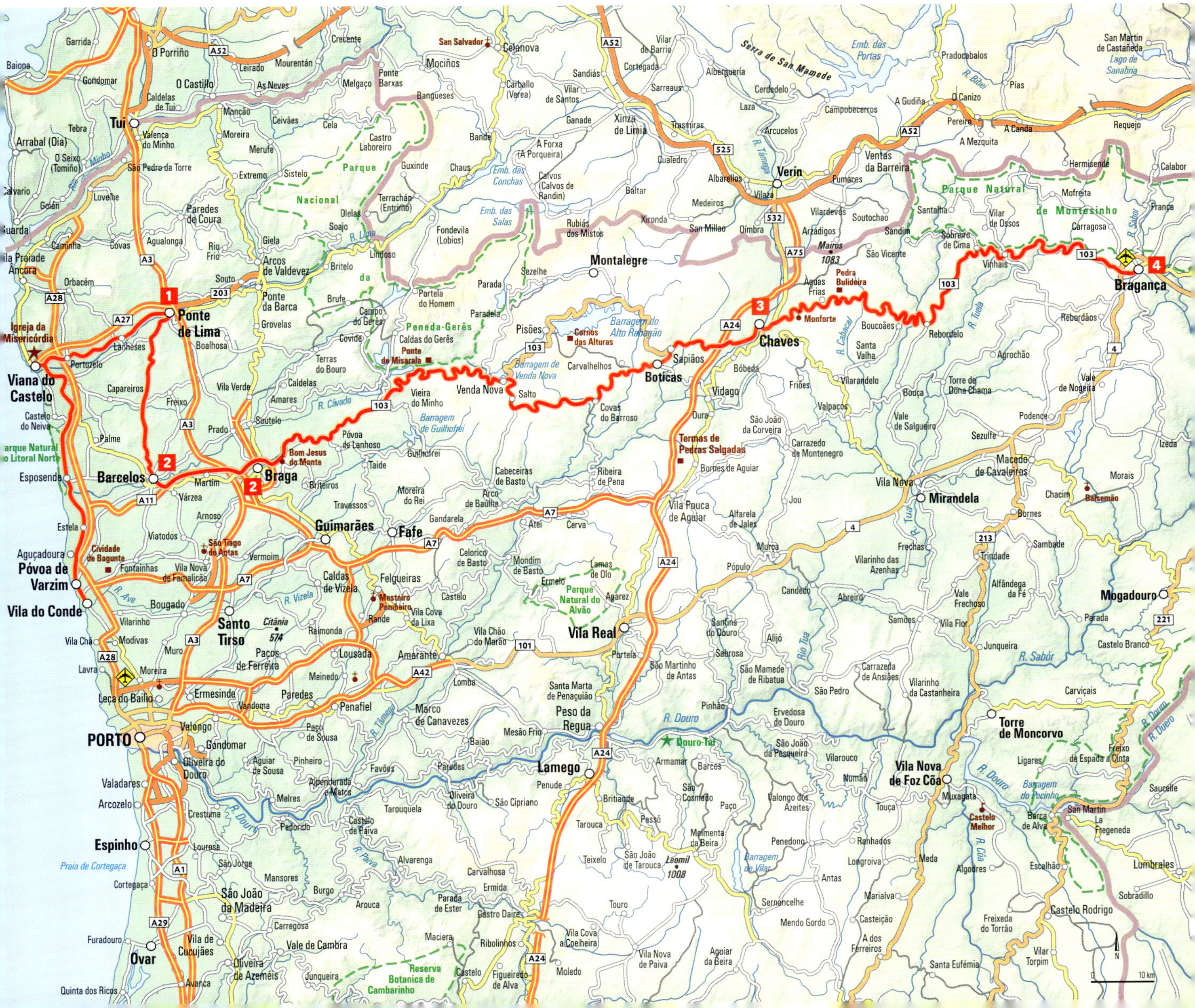

Das Heiligtum Bom Jesus du Monte befindet sich am Stadtrand von Braga.

Ortseingang als wahre Augenweide. Der Weg führt an zahlreichen historischen Gebäuden vorbei Richtung Flussufer, auf dessen Sandbank das Auto abgestellt werden kann, bevor es auf Erkundungstour geht.

Vom legendären Hahn zur ältesten Stadt

Die Strecke führt nun auf der N204 mitten durch das Anbaugebiet des spritzigen Vinho Verde nach **2 Barcelos**. Mit ein wenig Glück und vorausschauender Planung gelingt dies an einem Donnerstag. Denn trotz ihrer doch beachtlichen Größe erwacht die Stadt erst dann so richtig zum Leben, wenn donnerstags hier der größte Wochenmarkt Portugals stattfindet. Ein wahres Fest für die Sinne, den Gaumen und das Feilscherherz, denn hier gehört nach alter Tradition das Handeln um den Preis noch mit zum Marktbesuch. Die Marktschreier noch im Ohr geht es weiter nach **2 Braga**, der junggebliebenen ältesten Stadt des Landes. Es sind nur knapp 23 Kilometer, die man über die A11 im Auto sitzt. Wer Autobahnen normalerweise scheut: Eine Fahrt über die Autobahn nimmt einen in Portugal niemals das »Roadtrip-Gefühl«, denn sie fügen sich meist harmonisch in die Landschaft ein. Oft hoch oben auf Pfeilern und mit unzähligen Brücken und Tunneln durchsetzt, bieten sich hier außergewöhnliche Ausblicke, die dem Reisenden fantastische Eindrücke vermitteln. Angekommen in Braga, wird das Auto auf einem der ausgeschilderten Parkplätze abgestellt, und dann heißt es, die mehr als 2000-jährige Geschichte der Stadt erkunden, die dank der vielen Studenten jung geblieben wirkt.

Ein Nationalpark, Thermalquellen & Bragança

Auf ganz viel Kultur und Geschichte folgt nun Natur und Ruhe. Braga wird auf der N103 Richtung Nordosten verlassen und Kurs auf Chaves genommen. Unterwegs streift man den Rand des Nationalparks Peneda-Gerês (siehe S. 28). Unweit des südlichen Parkrandes gibt es eine Abzweigung, die zum Aussichtspunkt Baloiço de Cantelães führt. Sofern das Auto wendig und auch auf nicht-asphaltierten Straßen fährt, empfiehlt es sich, hier abzubiegen und das Zwischenziel anzusteuern: Zwei Schaukeln laden neben einem Picknicktisch ein, sich den Blick in die Ferne mit Schwung anzusehen – und dabei festzustellen, dass Portugal voller Schätze ist, große, kleine, neue, alte. Mit wachem Blick und Zeitpuffer fährt es sich am besten, und allein der Blick aus dem Fenster verrät dem Reisenden, warum der Norden der heimliche Liebling der Portugiesen ist. Zurück im Auto, geht es über die N103 auf die R311. Nach gut einer Stunde Fahrt lohnt sich die nächste Pause, vor allem wenn Kinder an Bord sind. Der Boticas Park – Nature and Biodiversity liegt auf der Strecke und ist kaum zu verfehlen. Er lädt dazu ein, spazierenzugehen, die heimische Tierwelt zu entdecken, eine Kajaktour zu unternehmen, Fahrrad zu fahren ...

Nach so vielen Eindrücken, Autominuten und Erlebnissen gehört der Körper entspannt, um die Aufnahmefähigkeit zu erneuern. Was eignet sich dazu besser als ein Bad in einer Thermalquelle? **3 Chaves** ist im doppelten Sinn der Schlüssel dazu (*chaves* = Schlüssel). Schon die alten Römer machten es zum Kurort, als der er auch heute noch von den Portugiesen genutzt wird – der heißen Quelle sei Dank.

Am Ende dieser wunderbaren Route erreichen wir hinter den Bergen, kurz vor der spanischen Grenze **4 Bragança**. Bereits von den Kelten besiedelt, war es fast 300 Jahre lang Sitz des portugiesischen Königshauses und immer bereit, das Land gegen die Spanier zu verteidigen. Gleich nebenan wird es im Parque Natural de Montesinho freier, wilder und grüner, aber nicht weniger hoheitsvoll, denn in den Eichen- und Kastanienwäldern des Naturparks kann einem schon einmal ein Wolf begegnen.

RESTAURANTS / ÜBERNACHTUNGEN

EINKEHREN

O CANGHALO (VILA DO CONDE)
Mit seiner blauen Fassade kaum zu übersehen, lädt das Innere des Lokals mit portugiesischer Gemütlichkeit zum Mittag- oder Abendessen ein. Nur eine Handvoll Tische, gibt es hier typisch portugiesische Hausmannskost.
www.facebook.com/OCangalho/?locale=pt_BR

RESTAURANTE KAMY (VIANA DO CASTELO)
Von außen wenig einladend, wird hier mit Liebe zu traditionellen Gerichten gekocht. Einfach in der Erscheinung, aber einfach richtig gut im Geschmack.
www.facebook.com/restaurantekamy

TABERNA DO MIGAITAS (BRAGA)
Hübsches Ambiente, große Portionen und landestypische Küche. Hier fühlt sich die ganze Familie wohl. Manche sagen, hier gibt es die besten Francesinhas in Braga.
www.facebook.com/taberna.migaitas/?locale=pt_BR

CASA NOSTRA (BRAGANÇA)
Italienische Küche mit portugiesischem Touch. Das familiengeführte Restaurant überzeugt mit Gastfreundlichkeit, bester italienischer Küche und einer guten Weinberatung. Der Service beginnt an der Tür und endet erst beim Verlassen.
www.facebook.com/ristorantecasanostra

LEITÕES.COME (CHAVES)
Hier werden Desserts in Kunstwerke verwandelt. Bei jedem Gericht isst das Auge mit. Tapas und einfache regionale Gerichte, mit Pfiff und Liebe zubereitet.
https://leitoescome.com/restaurante/

ÜBERNACHTEN

ARC'OTEL (PONTE DE LIMA)
Moderne, stilvoll eingerichtete Zimmer in alten Gemäuern, direkt am Ende der Brücke Ponte Medieval. Der Park hinterm Haus, der Fluss Lima einen Steinwurf entfernt – die Lage ist perfekt.
http://arc-otel.pt/

BOM JESUS – UNTERKÜFTE (BRAGA/BOM JESUS)
In einer Parkanlage oberhalb der Stadt bei der Wallfahrtskirche Bom Jesus werden hier in herrschaftlichen Häusern Zimmer für jeden Geldbeutel angeboten. Die Räume sind, je nach Hotel, von modern über antik bis schlicht eingerichtet, aber die Umgebung ist für alle gleich fantastisch.
https://en.hoteisbomjesus.pt/hotel-do-templo-in-braga/

POUSADA BRAGANÇA (BRAGANÇA)
Das ehemalige Schloss empfängt die Gäste mit stilvoll eingerichteten Zimmern. Im Winter genießt man den Wein vor dem Kamin und im Sommer den Blick auf die Lichter der Stadt beim nächtlichen Bad aus dem Pool heraus.
www.pousadas.pt/de/hotel/pousada-braganca

RESIDENCIAL BEM ESTAR (CHAVES)
Der Charme des Hauses liegt in dem freigelegten Mauerwerk. Die Steinwände verleihen den Zimmern Burgcharakter, obwohl es keine ist. Perfekt gelegen im historischen Zentrum der Stadt, geparkt werden kann hinter dem Schloss. Sehr gutes Frühstück.
www.facebook.com/residencialbemestarchaves/

QUINTA DA RODA – VALDREU (AM RAND DES NATIONALPARKS PENEDA-GERÊS)
Der perfekte Ort für einen entspannten Ausklang nach einem Tag in der Natur. Die Quinta hat alten Mauern modernen Charme eingehaucht. Die Zimmer sind großzügig, das Frühstück opulent, und der Pool im Garten bietet einen fantastischen Blick in die Natur.
www.quintadaroda.com

Ponte de Lima – die Brücke, die der Stadt am Fluss ihren Namen gab

ROMANTIK AM FLUSSUFER

Die Perle am Rio Lima ist nicht nur eine der ältesten Städte Portugals, sie liegt auch in einer Umgebung reich an hochherrschaftlichen Häusern, alten Adelspalästen und inmitten des Anbaugebietes des spritzigen Vinho Verde. Ponte de Lima lädt zum Flanieren, Genießen und zu sportlichen Aktivitäten gleichermaßen ein.

Schon lange, bevor die Römer ab dem 2. Jahrhundert v. Chr. hierherkamen und das Nord- und Südufer des Rio Limo durch eine Brücke miteinander verbanden, war die Region besiedelt. Mit der Erbauung der gleichnamigen Brücke Ponte de Lima – auch als Ponte Medieval bekannt – nahm der Ort an Bedeutung zu. Die Stadtrechte erhielt Ponte de Lima zu Beginn des 12. Jahrhunderts.
Die vielen mittelalterlichen Häuser, die in der Stadt verteilten religiösen Bauwerke und die wunderschönen Plätze zeugen von Ponte de Limas langer Geschichte. Gleichzeitig machen

1

↑ Parken am Fluss im Herzen von Ponte de Lima
↙ Alegoria ào Feiras Novas ao Folclore – volkstümliche Bronzestatue an der Promenade von Ponte de Lima

sie ihren Charakter und besonderen Charme aus. Nicht ohne Grund gilt sie als eine der schönsten Kleinstädte in Nordportugal. Ein ganz besonderer Zauber liegt jedes Jahr zwischen Ende Mai und Ende Oktober über der Stadt. Dann findet hier das internationale Festival de Jardins statt. Zarter, süßer Blumenduft begleitet die Besucher zu dieser Zeit bei ihrem Spaziergang durch die Garten- und Parkanlagen.
Ponte de Lima ist klein, aber reizvoll. Die historische Altstadt lässt sich in zwei bis drei Stunden erkunden. Im Anschluss kehrt man am besten in einem der Cafés oder Restaurants mit Blick auf den Rio Lima ein, um den Gaumen zu erfreuen und die Seele baumeln zu lassen. Nach der Einkehr bietet sich ein Spaziergang an. Das Auto immer noch sicher auf der Sandbank am Flussufer geparkt, schlendert man an der Promenade entlang und vorbei an den Statuen, die einen kleinen Einblick in die Tradition der Bewohner geben, Richtung Brücke Ponte de Lima. Überquert man diese, gelangt man am Ende direkt zum Eingang der Gärten des Festival Internacional de Jardins. Hier heißt es dann eintauchen ins Blütenmeer, Düfte genießen und noch einmal einen anderen Blick auf die wunderschöne Stadt bekommen.

Vinho Verde, der spritzig Grüne

Wie so oft im Leben kommt das Beste zum Schluss. Eine Weinverkostung – zumindest für den Beifahrer oder am Ende des Tages auch für den Fahrer – darf bei einem Besuch der Region keinesfalls fehlen. Denn nur der Wein aus der Region Minho, in der auch Ponte de Lima liegt, darf sich Vinho Verde nennen. Das Besondere ist seine fruchtige, spritzige Note, die an heißen Sommertagen ein idealer Begleiter für einen netten Abend in guter Gesellschaft ist.
Die Geschichtsbücher sagen im Übrigen, dass die Vinhos Verdes die ersten portugiesischen Weine waren, die in die europäischen Märkte exportiert wurden, und das bereits im 16. und 17. Jahrhundert. Heute ist das Anbaugebiet der Vinhos Verdes im Nordwesten Portugals eine der größten und ältesten Weinregionen der Welt. Durch seine Einzigartigkeit konnte sich der Vinho Verde weltweit behaupten. Er steht auch als Synonym für Vielfalt. Das Klima und die einheimischen Rebsorten ermöglichen es, Weine aller Farben und Geschmäcker zu produzieren. Das Ergebnis: eine große Auswahl an verschiedensten Weinen. So gibt es Vinho Verde nicht nur als Weißwein, wenngleich er als solcher zu großen Teilen exportiert wird. Eine Verkostung vor Ort ist somit auch deswegen unverzichtbar, da seine Varianten als Rosé oder gar Rotwein fast ausschließlich in Portugal zu finden sind! Die beste Beschreibung des Weins stammt aus einem Dekret von 1929: »Als Vinho Verde können nur Weine bezeichnet werden, die durch die Vergärung von frischem Most entstehen, der von frischen und schönen reifen regionalen Trauben stammt.« Wohl bekomm's!

TIPP

WEINVERKOSTUNG

Empfehlenswert ist ein Besuch des Centro de Interpretaçã e Promoçã do Vinho Verde inklusive Weinverkostung oder eine Verkostung auf einem der vielen Weingüter der Region.
https://www.cipvv.pt

GOLFSPORT

Portugal ist für Golfer ein Mekka. Der Gebirgs-Golfplatz Axis Golfe de Ponte de Lima ist ein Erlebnis der besonderen Art. Hier wird zwischen jahrhundertealten Bäumen und Herrenhäusern abgeschlagen. Erst nach Durchqueren einer Schlucht kann die Partie beendet werden.
http://www.axishoteisegolfe.com

BAUERNMARKT

Jeden zweiten Montag findet auf der Sandbank am Flussufer ein großer Bauernmarkt statt.

2

BARCELOS & BRAGA

DIE LEGENDÄRE UND DIE JUNGGEBLIEBENE

Geschichte und Legenden gehören irgendwie zusammen. So verwundert es nicht, dass die Stadt, die einer Legende zufolge das Wahrzeichen des Landes begründete, quasi direkt neben einer der ältesten und geschichtsträchtigsten Städte Portugals liegt. Sowohl Barcelos als auch Braga haben Geschichte geschrieben und heißen ihre Besucher, jede auf ihre eigene Art, herzlich willkommen.

Überquert man auf der alten Brücke Ponte Medieval den Rio Cávado, betritt man just einen der beispielhaftesten Orte der Handwerkskunst in der Region Minho: das legendäre Barcelos. Das Zentrum der Stadt hat sich bis heute sein mittelalterliches Aussehen bewahrt. So lassen sich Reste der alten Stadtmauer – die Torre da Porta Nova –, der Herzogspalast Paço dos Duques oder auch die Mutterkirche Igreja Matriz gleich beim Ponte Medieval bestaunen. Das Herz bzw. Aushängeschild der Stadt, vor allem an Donnerstagen, ist der Marktplatz (Largo de Freia bzw. Campo da República). Denn dann findet hier der landesweit größte Wochen- und Handwerkermarkt statt. Feilgeboten werden traditionelles Kunsthandwerk, Getöpfertes, Geflochtenes, Handbemaltes, regionale Lebensmittel – eben alles, was das Herz begehrt. Wer es nicht an einem Donnerstag nach Barcelos schafft, der erfährt mehr über die Töpferkunst im Museo de Olaria oder bekommt im Zentrum für volkstümliche Kunst (Centro de Artesanato de Barcelos) unweit des Marktplatzes einen Einblick.

↑ Traditionelle portugiesische Azulejo-Keramik
← Die barocken Monumentaltreppen zum Heiligtum Bom Jesus do Monte sind beeindruckend und führen über einen Höhenunterschied von 116 Metern.

Die Legende vom Hahn

Heute vor allem bekannt für ihren Markt, schrieb die Stadt schon vor langer Zeit Geschichte, ist sie doch mit einer Legende verknüpft, die eines der Nationalsymbole Portugals hervorbrachte: »el Gallo de Barcelos« – den berühmten Hahn, der heute in verschiedensten Ausführungen und Formen als Souvenir dient. Der Legende zufolge wurde ein Mann – die einen sagen, er war Galizier, die anderen bezeichnen ihn als Bauern – des Diebstahls bezichtigt und zum Tod durch den Strang verurteilt. Kurz vor seiner Hinrichtung bat der Angeklagte, ein letztes Mal mit dem Richter sprechen zu können, und beteuerte seine Unschuld. Er zeigte auf den gebratenen Hahn, den der Richter gerade verspeiste, und sagte: »So wahr ich unschuldig bin, so wahr wird dieser Hahn krähen, wenn ich gehängt werde.« Kaum dass der Verurteilte am Strang hing, fing der Hahn zu krähen an, und der Knoten im Seil löste sich von alleine. Damit war der Mann frei und konnte von dannen ziehen …

Braga – die junggebliebene Alte

Trotz des ehrwürdigen Alters von über 2000 Jahren gilt das ca. 20 Kilometer östlich gelegene Braga als eine der jüngsten Städte Portugals, junggeblieben und verjüngt – der Universität und ihren Studenten sei Dank. Diese bringen frischen Wind, neue Ideen und Leben in die Stadt. Dazu gesellt sich zeitgenössische Architektur, die in ihrer Qualität überzeugt und so das Stadtbild entstehen ließ, wie es heute zu bewundern ist. Diese Modernität tut gut, hält jung und macht die Stadt lebenswert. Doch auch Traditon und Religion sind in Braga von Bedeutung, ist es doch Standort der ersten Kathedrale des Landes, Sé Catedral, die im 12. Jahrhundert erbaut wurde. Seither ist Braga eines der wichtigsten religiösen Zentren des Landes, wo auch heute noch die Feierlichkeiten der Osterwoche und die Feste von São João Baptista (Johannes dem Täufer) zwei absolute Höhepunkte im Festkalender darstellen. Wer im Norden Portugals unterwegs ist, darf Braga keinesfalls verpassen. Die Stadt besteht aus einem Labyrinth enger Straßen, in denen sich historische Sehenswürdigkeiten, einzigartige Monumente und traditionelle Geschäfte und Restaurants mühelos zu Fuß entdecken lassen. Abgerundet wird das Ganze mit hübschen Plätzen und schönen Stadtgärten wie dem Jardim da Avenida Central.

TIPP

EIN BAD IM FLUSS
An heißen Sommertagen lohnt ein Besuch des Südufers des Rio Cávado. Am Flussstrand Praia Fluvial Barcelinhos bietet das Flussbad inmitten herrlich grünen Ambientes eine wunderbare Erfrischung.

»GUTER JESUS VOM BERG«
Einmal in Braga, gehört unbedingt auch ein Besuch des nahegelegenen Heiligtums Bom Jesus do Monte zum Sightseeingprogramm – ein absolutes Highlight, bei dem der Weg das Ziel ist. Die barocke Treppe mit ihren mehr als 500 Stufen symbolisiert den Aufstieg in den Himmel. Der Blick von der Spitze des Hügels bietet einen grandiosen Ausblick über die Stadt. Wer nicht so gut zu Fuß ist: Es gibt auch eine Seilbahn, die Fahrt mit dem Auto ist ebenfalls möglich.

IMMERGRÜNE WÄLDER UND SELTENE TIERE

Üppig wuchernd und saftig grün, so präsentiert sich der Nationalpark Peneda-Gerês, das wohl bestgehütete Geheimnis der Portugiesen an der spanischen Grenze. Wer hierherkommt, findet eine ganz eigene Welt, in der Mensch und Natur im Einklang existieren und die Zeit mancherorts stillzustehen scheint. Eine landschaftliche Wundertüte!

Der Nationalpark Peneda-Gerês ist ein Unikat, und das in vielerlei Hinsicht. Nicht nur, dass er der einzige des Landes ist, gelingt es im Nationalpark darüber hinaus, jahrtausendealte Kultur, Mensch und Natur zu verbinden und im Einklang leben zu lassen.

Gut ein Viertel seiner Gesamtfläche von rund 763 Quadratkilometern ist in Privatbesitz. Dennoch sind auch diese Bereiche zugänglich, denn die hier lebenden Portugiesen verstehen sich als Teil des Ganzen. Seit 1971 Nationalpark, präsentiert sich Peneda-Gerês mit imposanter Landschaft, Granitfelsen, Kaskaden, Almwiesen und wahrhaft schönen Tälern. Den vielen verschiedenen Mikroklimata und seiner Lage verdankt der Park seine artenreiche Flora und Fauna. So streifen Wildpferde *(garranos)* durch die Landschaft, grasen die seltenen Cachena-Rinder auf den Almwiesen und reißt der Iberische Wolf hier noch sein Reh. Farnwald, Stech-

← Typische Steinmaistrockner im nördlichen Portugal
↙ Wild, grün und etwas nass: Wandern entlang einer alten Römerstraße im Nationalpark Peneda-Gerês
↓ Überraschende Begegnungen im Eukalyptuswald

palmenwald, uralte Eichen sowie die blau-violette Gerês-Lilie gehören zu den botanischen Besonderheiten und lassen den Park zur grünen Krone des Landes werden.
Eine weitere Besonderheit des Nationalparks liegt in seinem kulturellen Reichtum. So führt ein Teil einer alten Römerstraße quer durch die Landschaft, und selbst alte Siedlungsräume mit 5000 Jahre alten Dolmen sowie Überreste keltischer Castros lassen sich hier entdecken. Und die Heilquellen in Caldas do Gerês sind wiederum ein Paradebeispiel für das Miteinander von Mensch und Natur.
Tradition ist den Portugiesen wichtig, und so verwundert es nicht, dass in den Dörfern im Park, die mit ihren typischen, auf Stelzen gebauten Häusern *(espigueiros)* auffallen, noch traditionell Viehzucht und Handwerk betrieben werden.

Zwischen Natur und Kultur

Die Entdeckungsmöglichkeiten im Park scheinen schier unerschöpflich zu sein. Das Auto immer in der Nähe, geht es zunächst einmal von Gerês in Richtung spanische Grenze. Erstes Ziel ist die Cascata da Portela do Homem, ein Wasserfall am Nordtor des Nationalparks. Um die Kaskaden in Augenschein zu nehmen, wird das Auto am Pass Portela do Homem geparkt und der kurze Weg zum Ziel gelaufen. Die Cascata befindet sich nicht irgendwo im Park, nein, sie liegt in einem echten Stück Urwald, inmitten des Naturschutzgebietes Mata da Albergaria. Wer ein ungestörtes Bad nehmen möchte, dem empfiehlt sich der Weg rechts vom Wasserfall entlang des Flusses. Der aufmerksame Beobachter wird die Kultur in der Natur auch ohne Hinweis entdecken. Denn dort verläuft ein Teil der alten Römerstraße »Geira«. Diese entlanggegangen, folgt man den Spuren der Römer. Ruhe und frische Waldluft umgeben den Spaziergänger, über eine kleine Holzbrücke führt der Weg zum Ponte de São Miguel. Der Platz ist perfekt für eine kleine Pause. Man lausche dem Rauschen der Blätter und dem Gesang der Vögel, der Musik des Waldes – einfach herrlich!
Zurück am Wagen, geht es jetzt Richtung Süden – am besten so langsam wie möglich, um die Umgebung noch einmal aufzusaugen, Anhalten darf man hier nicht. Also Fenster auf und Nase raus! Der nächste Stopp erfolgt am Fluss Homem und seinem gleichnamigen Stausee. Wer glaubt, dass es bei einem Spaziergang an der üppig bewachsenen Uferpromenade bleibt, der irrt. Portugal, und so auch Peneda-Gerês, überrascht seine Besucher ein ums andere Mal: zum krönenden Abschluss des Parkbesuches mit einem versunkenen Dorf. Zu sehen ist der Schatz bei Niedrigwasser, denn dann kann man die Überreste des untergegangenen Dorfes Vilarinho da Furna vom Ufer aus bestaunen. Ein unvergessliches Erlebnis!

Espigueiros in Lindoso, ein traditioneller Getreidespeicher

3

CHAVES

FELS IN DER BRANDUNG UND HEISSE QUELLEN

Einst »Aquae Flaviae« genannt, ist Chaves vor allem für seine Thermalquellen bekannt. Mit einer Temperatur von 73° C sind sie die heißesten Europas. Der Thermalkurort hat aber noch mehr zu bieten. Seit jeher von strategischer Bedeutung, ist Chaves bis heute Ausgangspunkt für eine Landesdurchquerung von Nord nach Süd.

Zwar liegt Chaves weit weg vom Meer, doch war der Ort vor allem seit dem Mittelalter für Portugal ein »Fels in der Brandung«. Seine strategische Lage kurz vor der spanischen Grenze und am Rio Tâmega sowie der begehrte fruchtbare Boden im Umland stellten der Stadt eine Aufgabe, die sie mehr als einmal mit Bravour meisterte: Verteidigung! Im 16. Jahrhundert leistete sie heldenhaften Widerstand gegen die Vereinnahmung durch Kastilien. Im 19. Jahrhundert bescherten die Bewohner von Chaves den napoleonischen Truppen ihre erste Niederlage. Zeugnisse dieser Zeit

sind auch heute noch, zumindest in Teilen, zu bewundern. Nicht verwunderlich also, dass die mächtigen Befestigungsanlagen und historischen Monumente bis heute zu den Hauptattraktionen zählen.
Von den unruhigen Zeiten und den kriegerischen Auseinandersetzungen erzählen nur noch die die steinernen Überreste. Im erhaltenen Burgfried, der einst zum bereits im Mittelalter zerstörten Schloss von Chaves gehörte, befindet sich heute ein Militärmuseum. Eingebettet in einen farbenfrohen Garten – Jardim do Castelo –, lädt der Turm zum Besteigen ein. Von seiner Spitze aus eröffnet sich ein fabelhafter Blick auf den Tâmega. Die mächtige Burgmauer ist kaum zu übersehen und sehr beeindruckend.
Trotz der vielen Kriege und diverser Angriffe gibt es einen historischen Schatz, der die Zeiten überdauert hat und noch heute nach – glaubt man den Geschichtsbüchern – gut 1900 Jahren voll funktionsfähig ist: die römische Steinbrücke Trajano, die mit 16 Bögen den Fluss überspannt. Sie ist immer noch in Betrieb und sogar für den Lokalverkehr freigegeben. Ganz in der Nähe liegt das mittelalterliche Quartier, eine denkmalgeschützte Zone mit schmalen Häusern und rustikalen Balkonen, die zur Straße hin zeigen. Ein Fest für alle, die sich an Architektur erfreuen.

Thermalquelle und »Wein der Toten«

Heute ist Chaves eine malerische Stadt, die nicht nur spannende Einblicke in die Geschichte Portugals gewährt, sondern deren Charme für die Besucher vor allem auch in ihren Thermalquellen liegt. Von den Römern entdeckt und in Kenntnis ihrer heilenden Wirkung, zogen die Quellen bereits ab der Mitte des 17. Jahrhunderts Menschen an, die sich von einem Bad Linderung oder gar Heilung ihrer Leiden erhofften. Ob für einen Kuraufenthalt oder einen Wellnessausflug, jeder kommt auf seine Kosten. Ein moderner Bade- und Wellnesskomplex, der direkt über der heißen Quelle errichtet wurde, lädt nahe dem wunderschönen Jardim do Tabolado zum Relaxen und Genießen ein.
Da, wo der Boden fruchtbar ist, schmecken lokale Spezialitäten besonders gut. Bekannt ist Chaves für seinen lokal produzierten Presunto (Rohschinken). Man nehme eine Scheibe frisches Pão de Chaves (Brot), heimisches Olivenöl und ein Glas Vinho dos Mortos (Wein der Toten) – so man ihn bekommt – und hat den perfekten Snack für zwischendurch. Dieser besondere Wein war eine Zufallsentdeckung und wird noch heute im nahegelegenen Boticas auf traditionelle Weise hergestellt. Seine Geburtsstunde hatte der Vinho dos Mortos im 14. Jahrhundert während der französischen Invasion. Zu jener Zeit versteckte die Bevölkerung ihr Hab und Gut an den ungewöhnlichsten Orten. Vieles wurde vergraben, so auch der Wein. Als die Luft wieder rein war und alles an die Oberfläche geholt wurde, stellte man fest, dass der Wein durch die Lagerung unter Tage besonders schmackhaft geworden war. Noch heute werden die abgefüllten Flaschen gut ein Jahr im Boden vergraben, um durch den Gärungsprozess in der Dunkelheit diesen edlen Tropfen zu erhalten.

↑ Die bunten Häuser in Chaves verleihen der historischen Stadt ein modernes Flair.
← Die Stadt Chaves befindet sich am Fluss Tâmega und liegt zwölf Kilometer südlich der spanischen Grenze.

TIPP

FEST DER VÖLKER
Am dritten Wochenende im August wird die Festa dos Povos em Aquae Flaviae gefeiert, das »Fest der Völker in Aquae Flaviae«, wie der alte Names von Chaves lautet. Dann findet hier ein galizisch-römischer Markt mit einer großen Bühne statt. Drei Tage lang wird der Zeit der Gründung durch die Römer mit Musik, verschiedenen Tanzdarbietungen und Kulinarik gedacht – selbst nachgestellte Gladiatorenwettkämpfe sind zu sehen, ein absolutes Highlight.

EINMAL QUER DURCHS LAND
Die Nationalstraße N2 nimmt in Chaves ihren Anfang und führt einmal quer durchs Land bis nach Faro – eine Route, die immer noch als Geheimtipp gilt und an unzähligen bekannten und weniger bekannten Sehenswürdigkeiten vorbeiführt (s. S. 148).

BRAGANÇA

TOR ZUR VERGANGENHEIT

Bragança, hinter den Bergen vor der spanischen Grenze, war fast 300 Jahre lang Stammsitz des portugiesischen Königshauses und brachte selbst Kaiser der Kolonie Brasilien hervor. Weit abgelegen und eingebettet in die Natur haben sich Stadt und Umgebung viele alte Traditionen und einen eigenen Dialekt erhalten.

Bragança, die Kleinstadt im äußersten Nordwesten Portugals, ist das Herz der Region und das Tor zur Vergangenheit. Gegründet im 12. Jahrhundert, als sich ein Schwager des ersten portugiesischen Königs (Dom Afonso Henriques) hier niederließ, wuchs Bragança schnell zu einer wichtigen Stadt für das Königshaus heran.

Dieser Bedeutung verdankt es noch heute sein Erscheinungsbild. Die Burg, hinter deren dicken Mauern sich noch heute der gut erhaltene mittelalterliche Stadtkern befindet, ist sozusagen das historische Herzstück. Tritt man durch das alte Stadttor (Porta de Vila) ein, trifft man sogleich auf den Schandpfahl (Pelourinho), der einzigartig in Portugal ist.

4

↑ Der Karneval im Dorf Podence ist eines der traditionellsten Ereignisse Nordportugals und wurde von der UNESCO als Immaterielles Weltkulturerbe klassifiziert.
↙ Die abendliche Stimmung an dem Turm und der Festung in der mittelalterlichen Zitadelle von Bragança

Denn er steht auf einem lusitanischen Schwein und erinnert damit an die keltischen Ursprünge der Region. Im Bergfried, der Torre de Menagem, erzählt das Militärmuseum die Geschichte der Burg. Innerhalb der Zitadelle lassen sich außerdem noch die Kirche Igreja de Santa Maria und die Domus Municipalis bewundern. Letztere war der Ort, an dem sich der städtische Senat versammelte – ein in Portugal einzigartiges Zeugnis ziviler römischer Architektur.
Außerhalb der alten Stadtmauer hält Bragança noch weitere Kulturschätze bereit. So befinden sich westlich der Mauern herrschaftliche Häuser und Sakralbauten wie die Kathedrale Sé Catedral, die Igreja de São Vincente oder die kleine Capela da Misericórdia, um nur einige zu nennen. Im alten Bischofspalast ist ein Museum untergebracht.

Traditionell und natürlich

Der Name Bragança bezeichnet nicht nur die Stadt, sondern die ganze Region und steht symbolisch für die Verbindung zwischen Stadt, Natur, den Bewohnern der Dörfer und den alten Traditionen. Wer hierher, abseits der Touristenpfade, kommt, erlebt etwas Besonderes. Hinter den Bergen Trás-os-Montes entstand schon vor langer Zeit eine Gemeinschaft, wie es sie kaum noch zu finden gibt. Aus der Not geboren, weil von der Außenwelt quasi abgeschieden, wurde hier geteilt und so das mühsame Arbeiten und harte Leben ein wenig erleichtert. Die Rede ist von gemeinschaftlichem Eigentum. Hier teilte man sich nicht nur das Weideland, sondern auch das Backhaus, die Schmiede, die Mühle, die Kelter oder die Olivenpresse. Man traf sich, um die Arbeit gemeinsam zu verrichten, und tut dies zum Teil noch heute. Selbst eine Landesgrenze konnte die Menschen nicht aufhalten, sondern verband sie. Denn im Dorf Rio de Onor verläuft die Grenze zu Spanien. Nicht verwunderlich also, dass die Einwohner hier sogar eine eigene Sprache entwickelt haben, das Mirandés, eine Mischung aus Spanisch und Portugiesisch. Neben Rio de Onor ist auch der Ort Guadramil sehr gut erhalten und gibt einen authentischen Einblick. Als Besucher wird man hier überaus herzlich begrüßt!
Mit diesen beiden Bergdörfern befindet man sich im Parque Natural de Montesinho, einem Paradies für Wanderer. Das einsame Hügelland ist mit Kastanien- und Eichenwäldern bestanden, der Steinadler kreist über den Baumkronen, Wölfe durchstreifen die Wälder. Und mittendrin ab und an ein Dorf, das seine ganz eigene Geschichte erzählt.

TIPP

KARNEVAL

Eine Tradition der fröhlichen Art gibt es in den Bergen Trás-os-Montes auch: den Karneval. In den Tagen vor Aschermittwoch steht alles im Zeichen von farbenfrohen Kostümen, Umzügen und traditioneller Musik. Um den Karneval besonders authentisch zu erleben, begibt man sich am besten nach Podence, einem kleinen Dorf ca. 30 Kilometer südlich von Bragança. Dort haben die Caretos (Teufelsfiguren) in der Faschingszeit ihren großen Auftritt. Zu sehen gibt es diese am Faschingssonntag und -dienstag. Die bunten Kostüme sind einzigartig, und die Tradition, die Junggesellinnen und Junggesellen des Ortes an diesem Sonntag zu vermählen, ist ein sehr amüsantes (und natürlich nicht ernst gemeintes) Vergnügen, wobei die Paarungen per Los zugeteilt werden und Widerrede zwecklos ist.

KIRCHE SANTA MARIA

Wer die neben der Burg stehende kleine Kirche Santa Maria aus dem 16. Jahrhundert genauer in Augenschein nehmen möchte, sollte unbedingt eine Ein-Euro-Münze dabeihaben. Die Kirche liegt so lange im Dunkeln, bis man am Eingang einen Euro in den Lichtautomaten steckt. Danach stehen 15 Minuten zur Verfügung, bevor das Licht wieder erlischt.

DIE WIEGE DER NATION UND DER WEIN

Eine Route, die es in sich hat: Dreimal stehen UNESCO-Weltkulturerbestätten auf dem Programm. Beginnend in der heimlichen Hauptstadt Porto, führt der Weg durch die Wiege der Nation, hinab in tiefe Täler und über sagenhafte Brückenbauten. Die Weinberge stets im Blick, geht es entlang des Rio Douro bis an die Grenze zu Spanien. Auf dieser Fahrt wird dem Reisenden mehr als einmal der Atem geraubt!

Da, wo der Rio Douro in den Atlantik mündet, liegt eine Stadt, die ihresgleichen sucht. Aufregend, charmant, gleichzeitig ein wenig in die Jahre gekommen, mystisch und liebenswert – so präsentiert sich 1 **Porto**. In aller Welt bekannt durch den Wein, dem sie ihren Namen gab, lädt die Stadt nicht nur zur Erkundung ihrer vielen Sehenswürdigkeiten ein, sondern ist idealer Ausgangspunkt für Entdeckungsreisen auch außerhalb der Stadt. Wer nach Porto kommt, wird es nicht gleich lieben oder schön finden. Doch lässt man sich einmal auf sie ein und zu Fuß durch ihre Gassen treiben, lernt man die Stadt mit all ihren Facetten ken-

INFO

Start: Porto
Ziel: Miranda do Douro
Länge: ca. 350 Kilometer
Dauer: 3–5 Tage
Beste Reisezeit: April bis Oktober

Der Ausblick über die Stadt Sines, die für ihre Hafenanlage und die historische Altstadt bekannt ist

nen, entdeckt ihre Schätze und auch die weniger schönen Seiten und wird am Ende nicht anders können, als sie einfach zu lieben. Die Nähe zum Meer, ihre Lage am Fluss und die gute Beziehung zum Gott des Weines – ob nun Bacchus (röm.) oder Dionysos (griech.) – stellen den Genuss guten Essens und edler Tropfen sicher. Seit 1996 reiht sich die Stadt am steilen Mündungsufer des Douro, der hier von sechs Brücken überspannt wird, in die UNESCO-Weltkulturerbeliste ein. Den Fängen von Portos Einbahnstraßennetz entkommen, geht es nun entweder über die Autobahn oder die Bundesstraße nach **2** **Guimarães**. Entscheiden darf das jeder selbst. Schön sind beide Strecken, denn in kaum einem anderen Land sind Autobahnfahrten landschaftlich ebenso eindrucksvoll wie Überlandfahrten.

Die Wiege der Nation nennt man Guimarães auch, an dessen Geschichte in Portugal kein Kind vorbeikommt und die jedem Portugiesen wohl präsenter ist als die der Landeshauptstadt. Der Grund ist nicht etwa die Ernennung der Altstadt zum UNESCO-Weltkulturerbe im Jahr 2001, nein, Afonso Henriques gründete hier das Königreich Portugal und wurde

Der Aussichtspunkt von Vargelas lässt den Blick über die weite Landschaft gleiten.

1139 zum ersten portugiesischen König Alfons I. Ein Labyrinth aus engen Straßen, eingebettet zwischen alten Häusern, führt den Besucher der bezaubernden Altstadt zu ihrem beeindruckendem Hauptplatz, dem Largo da Oliveira, und dem alten Herzogspalast Paço Ducal.
Zurück im Auto steht man wieder vor der Entscheidung, ob die Fahrt weiter über die Autobahn oder über die Landstraße führen soll. Wählt man Letztere, läuft man Gefahr, ständig anhalten zu müssen, weil unterwegs immer wieder etwas auftaucht, das einen quasi zum Anhalten zwingt. Den Straßen N101, N15 und IP4 Richtung Vila Real folgend, geht es in größeren und kleineren Kurven durch die üppig grüne Landschaft. Diverse Hinweisschilder laden zum Verweilen, Füßevertreten und Erfrischungsbädern in Flüssen, Bächen oder an kleinen Wasserfällen ein. Praia Fluvial das Azenhas, Parque Merendas de Amarante, Praia Fluvial de Várzea oder Bosque dos avós sind nur einige der Möglichkeiten.
Angekommen in Vila Real, einer lebhaften Kleinstadt, die sich an die Ausläufer der Berghänge der Serra do Marão schmiegt, erklärt sich ihr Name, »königliche Villa«, fast wie von selbst. So bauten viele Adelige im 16. und 17. Jahrhundert hier prachtvolle Paläste und Häuser, von denen auch heute noch einige, wie etwa der Mateuspalast (außerhalb des Zentrums), in ihrer ganzen Pracht zu bewundern sind. Bei einem Bummel durch die Stadt lohnt es sich, einen genaueren Blick auf die Häuserfassaden zu werfen. Dort zeigen sich schmiedeeiserne Balkone und Fenster mit Granitrahmen, typische Zeugnisse portugiesischer Architektur.
Dank seiner geografischen Lage bietet sich Vila Real gut als Ausgangspunkt zur Entdeckung des **3 Vale do Douro**, das nächste Ziel auf der Strecke, und der Portweinrouten an. Über teils serpentinartige Straßen geht es, vorbei an mit Weinreben übersäten Hängen, hinab ins Tal und an das Ufer des Rio Douro. Orte, die zum Bleiben, Probieren, Flanieren und Entdecken einladen, gibt es einige. Peso da Régua ist einer davon. Von hier lassen sich die Touren auf den Spuren der Portwein-Trauben auf verschiedene Art und Weise beginnen. Lässt man das Auto stehen, da eine Verkostung ansteht, hat man die Wahl zwischen einer Zug- oder Bootsfahrt nach Pinhão. Fährt man mit dem eigenen Wagen, erreicht man das Ziel nach ungefähr 24 Kilometern, doch verlangen die kurvenreichen Straßen ein hohes Maß an Konzentration und würden, ebenso wie die wenigen Möglichketen zum Anhalten, das großartige Erlebnis des Weintals schmälern.

Von Felsmalereien und Grenzkultur

Den Duft der Weinberge noch in der Nase, führt die Route weiter nach **4 Vila Nova de Foz Côa** und dem gleichnamigen Archäologischen Park. Bauarbeiten brachten hier einen unglaublichen Fund zutage, den die UNESCO auch hier mit dem Weltkulturerbestatus kürte: Felsgravuren, die anschaulich Auskunft über die Geschichte der Besiedlung vor mehr als 25 000 Jahren geben.
»Back on the road« geht es durch herrliche Landschaften, weg vom Douro in Richtung spanische Grenze – genauer gesagt nach **5 Miranda do Douro**. Dort trifft man dann auch wieder auf das Ufer des Flusses, der über eine längere Strecke als natürliche Grenze zwischen den beiden Ländern dient. Charmant und unaufgeregt hält die kleine Bischofsstadt einige Überraschungen für ihre Besucher bereit, die sie zum Staunen bringen und in längst vergangene Zeiten mitnehmen. Ein gelungener Abschluss!

RESTAURANTS / ÜBERNACHTUNGEN

EINKEHREN

TAPABENTO S. BENTO (PORTO)
Gemütliches Ambiente und eine modern interpretierte traditionelle Küche warten in diesem Restaurant gleich um die Ecke beim Bahnhof auf Besucher. Sehr beliebt, daher am besten reservieren.
https://tapabento.com

AUGUSTO (PORTO)
Typisch portugiesische Küche mit exzellentem Service. Nicht zu klein und nicht zu groß, sondern sehr gemütlich. Das Essen gibt es hier in Menüform inklusive Wein/Wasser auch am Abend zu einem günstigen Preis.
www.augustorestaurante.com

FOZ CAFFÉ (VILA NOVA DE FOZ CÔA)
Hier im Café wird man bereits ab dem Frühstück mit portugiesischen Köstlichkeiten versorgt. Regionale Produkte, verarbeitet zu schmackhaften Gerichten, stärken vor oder nach einem Besuch im archäologischen Park.
https://restaurante-foz-caffe.negocio.site

RESTAURANTE O MIRANDÊS (MIRANDA DO DOURO)
Es wird schnell voll in diesem sympathischen Lokal, sowohl zum Mittag- als auch zum Abendessen. Daher sollte man rechtzeitig da sein oder etwas Zeit mitbringen. Die Portionen sind riesig und reichen sogar für zwei Personen.
www.facebook.com/people/Restaurante-O-Mirandês/100066811643625

ÜBERNACHTEN

REIS DE GAIA (VILA NOVA DE GAIA)
Das Aparthotel befindet sich zwischen den Portweinkellereien, mit dem besten Blick auf die Stadt. Nur fünf Minuten sind es zur Bahn, und weitere fünf Minuten später ist man im Zentrum von Porto. Man kann wählen zwischen modernen Studios und Apartments in alten, renovierten Gemäuern.
https://reis-de-gaia-aparthotel-vila-nova-de-gaia.ibooked.com.br

QUINTA DE TOURAIS (DOURO-TAL)
Kleine, familäre Unterkunft in herrlicher Umgebung. Die in einem ehemaligen Klostergebäude aus dem 17. Jahrhundert untergebrachte Quinta liegt auf der gegenüberliegenden Seite von Peso da Régua, nur ein paar Schritte vom Flussufer entfernt. Hier bekommt man Weinprobe und Übernachtung in einem.
www.quintadetourais.com

CASA DA AVÓ – TURISMO DE HABITAÇÃO (NAHE VILA NOVA DE FOZ CÔA)
In einer kleinen Seitenstraße befindet sich diese hochherrschaftliche Unterkunft in einem historischen Herrenhaus. Sie verfügt über eine Lounge, Bar, Bibliothek und Spielzimmer sowie einen Frühstücksraum wie aus einem Märchen.
https://casaavo.com

PARQUE DE CAMPISMO DE MOGADOURO
Der Campingplatz liegt gut 46 Kilometer südwestlich von Miranda do Douro und vor den Toren des Naturparks. Er ist ein optimaler Ausgangspunkt zur Erkundung der Region. Die Stellplätze sind ausreichend groß, und der Campingplatz selbst verfügt über alle notwendigen Annehmlichkeiten für die ganze Familie.
www.eurocampings.de/portugal/braganca/mogadouro/parque-de-campismo-de-mogadouro-116878/

Charakteristische schmale und bunte Häuser säumen die Douro-Promenade Cais de Ribeira in Porto.

1

PORTO

EINE STADT IM ZEICHEN DES WEINS

Porto, für viele die heimliche Hauptstadt Portugals, an der Atlantikküste und den Ufern des dort mündenden Douro gelegen, besticht mit ihrer teils ungeschminkten Schönheit. Die Hafenstadt ist Namensgeberin des weltberühmten Weins und neben Lissabon die einzige portugiesische Großstadt. Wer nach Porto reist, wird überrascht und überwältigt sein.

Wer einmal hier war, kommt mindestens ein zweites Mal wieder. Die Stadt, die mit ihrem teils morbiden Charme die Besucher in ihren Bann zieht, hat nicht nur selbst jede Menge an Sehenswertem zu bieten, sondern ist auch der perfekte Ausgangspunkt, um den Norden Portugals mit seinem Facettenreichtum genauer in Augenschein zu nehmen. Dank des Weinhandels und der strategisch günstigen Lage mit großem Hafen ist sie der bedeutendste Wirtschaftsstandort Portugals. Porto ist eine entspannte Großstadt, die sich hervorragend dazu eignet, sich einfach treiben zu lassen. Einige Sehenswürdigkeiten sollten aber auf keinen Fall verpasst werden.
Der Rundgang durch Portos Altstadt startet am besten direkt an der Praça da Ribeira. Diese liegt im gleichnamigen Stadt-

viertel, das auch das älteste ist und vom Ufer des Douro begrenzt wird. Cafés und eine Statue Johannes' des Täufers zieren die Praça. Die Kulisse bilden steile Gassen und hohe bunte Häuser auf der einen und große und kleine auf dem Wasser schaukelnde Boote auf der anderen Seite. Um die Schätze der Stadt genauer zu erkunden, geht es, dem Douro den Rücken zugekehrt, zur Kathedrale von Porto, Sé Catedral do Porto. Ihr Bau begann bereits im 12. Jahrhundert, das Gotteshaus wurde im Lauf der Zeit erweitert und dem jeweiligen Baustil angepasst. So lassen sich heute romanische, gotische und barocke Elemente bewundern. Die typischen weiß-blauen Azulejos (Keramikfliesen) wurden selbstverständlich ebenfalls integriert.

Einer der schönsten Buchläden der Welt

Anschließend geht es mal bergauf, mal bergab zur Igreja dos Clérigos. Ihr Turm, die Torre dos Clérigos, ist mit 76 Metern der höchste Kirchturm Portugals und das Wahrzeichen der Stadt. Den Turm zu erklimmen, lohnt sich, auch wenn die Treppen eng und steil sind. Oben angekommen, liegt einem die Stadt zu Füßen, und der Blick kann in einem 360°-Schwenk über sie hinweggleiten. Wer möchte und sich rechtzeitig ein Ticket besorgt hat, kann nach nur ein bis zwei Minuten Fußweg die wohl berühmteste und schönste Buchhandlung Portugals besuchen, die Livraria Lello. Schöne Dinge sind beliebt, es muss also mit vielen Besuchern gerechnet werden, was ein Foto, das einen allein auf der geschwungenen Treppe zeigt, schwierig macht. Dennoch lassen sich neben den Büchern (deutsche sind bisher keine darunter) viele interessante Details in den Regalen, an den Wänden und am Glasdach entdecken.
Durch die belebten Straßen und Gassen, vorbei an Geschäften, Cafés, Büros und teils wunderschön restaurierten Häuserfassaden, geht es Richtung Avenida dos Aliados, hier finden sich besonders viele Jugendstilbauten aus dem 19. Jahrhundert. Das Stadtviertel selbst heißt Baixa und beherbergt auch das Rathaus Portos, das allein mit den Skulpturen an seiner Vorderseite den Besuchern eindrücklich vermittelt, worauf es hier schon immer ankam: Weinbau, Industrie und Navigation. Ein kurzer Spaziergang von hier gen Osten führt zur Capela das Almas de Santa Catalina, deren Fassade Tausende von Azulejos schmücken.

Auf die andere Seite des Douro

Um sich auf die andere Seite des Flusses in die Nachbargemeinde Vila Nova de Gaia zu begeben, empfiehlt sich eine Fahrt mit der Metro do Porto, ein Stadtbahnsystem, das überwiegend oberirdisch verläuft. Überdies lässt sich die Fahrt perfekt mit einem weiteren Highlight der Stadt verbinden: der Metrostation Estação de São Bento, die man in wenigen Minuten von der Capela aus erreicht. Der heutige Bahnhof, einst ein Kloster, lockt mit seiner Eingangshalle, die mit kunstvollen blauen Kacheln geschmückt ist.
Sitz man dann in der Bahn mit dem Ziel Vila Nova de Gaia, liegt einem der Douro zu Füßen, während man sich selbst auf einer weiteren architektonischen Attraktion Portos wiederfindet – der Brücke Ponte de Dom Luis I. Auf der anderen Seite des Flusses verlässt man die Bahn wieder und hat direkt einen atemberaubenden Blick auf die Stadt.
Über Treppen, durch kleine Gassen und entlang der schmalen Straßen geht es hinab ans Flussufer. Es wird Zeit, zu erkunden und zu probieren, was Porto so berühmt gemacht hat: Portwein. An der Uferpromenade locken die verschiedenen Kellereien mit Führungen und Verkostungen. Die typischen Boote, die *barcos rabelos*, die den Wein einst aus dem Anbaugebiet herantransportierten, liegen am Kai und versprühen den Charme vergangener Zeiten. Die Auswahl an Kellereien ist groß, eines ist ihnen gemeinsam – guter Portwein. Eine Tour sollte unbedingt im Vorfeld gebucht werden. Es empfiehlt sich, sogar zwei Kellereien zu besuchen. Zum Einstieg bietet sich eine der großen an. Ferreira, sehr geschätzt bei den Portugiesen und von einer Frau gegründet,

← Der Sonnenaufgang am Fluss Douro über dem Hafen von Porto, das das wirtschaftliche und kulturelle Zentrum von Nordportugal darstellt
↗ Portweinverkostung bei Sandeman (v.l.n.r. Porto Blanco, Rubio, Tawny)

CALEM 12

sowie Sandeman bieten ihre Führungen auch auf Deutsch an. Wem Englisch, Spanisch oder Portugiesisch nicht fremd sind, der hat eine größere Auswahl. Die Chancen, den Keller beschwipst und mit vollen Taschen zu verlassen, sind groß. Ein Genuss wird es allemal.

Portwein, ein edler Tropfen

Was aber nun macht den Wein so besonders, wie unterscheidet er sich von einem »normalen« Rot-, Weiß- oder Roséwein, und seit wann gibt es ihn überhaupt? Seit der Besiedlung durch die Römer, die um die Zeitenwende erfolgte, wird in dieser Region Wein angebaut. Getrunken wird Wein hier demnach schon seit mehr als 2000 Jahren. Während seiner Blütezeit im 12. Jahrhundert fing Portugal an, seine Weine zu exportieren und stetig zu verfeinern. Portwein, so wie wir ihn heute kennen, gibt es seit der Mitte des 17. Jahrhunderts. Der Name Portwein wurde erstmals 1678 verzeichnet. Der Handel zwischen England und Portugal spielt bei der Entwicklung des Portweins eine tragende Rolle.
Wie unterscheidet er sich nun aber von anderen Weinen? Am Anfang steht, wie bei jedem Wein, die Traube. Das Besondere ist aber, dass für die Produktion nur in einem festgelegten Gebiet im Dourotal wachsende Trauben verwendet werden dürfen. Dort herrscht ein ganz besonderes Mikroklima, das Einfluss auf den Reifeprozess der Trauben hat. Diese werden handverlesen, gepresst und ihr Most zur Gärung angesetzt. Im Unterschied zu klassischen Rotweinen werden Farbe und Aromastoffe in traditioneller Manier durch das Treten mit nackten Füßen im offenen Gärbehälter aus den Schalen und dem Fruchtfleisch herausgelöst. Der Gärungsprozess wird durch die Zugabe (Fortifikation) von hochprozentigem Weinbrand geblockt, so behält der Wein seine natürliche Restsüße. Die verschiedenen Portweinsorten (beispielsweise Vintage, Ruby oder Tawny) entstehen erst danach (durch Lagerung, Abfüllung etc.). Eine weitere Besonderheit ist, dass jede Flasche ein Qualitätssiegel des IVDP (Instituto dos Vinhos do Douro e Porto) bekommt.
Zu guter Letzt noch eine kleine Anekdote, die erklärt, warum sich die Kellereien nicht in Porto, sondern in Vila Nova de Gaia befinden: Im Mittelalter wurde Porto vom Bischof regiert, der Steuern auf jedes Boot erhob, das am Flussufer anlegte. Um diese Abgabe zu umgehen, ließ König Alfons III. auf der anderen Seite des Flusses einen neuen Hafen errichten. So kam es, dass der Wein in seinen Fässern nicht von Porto, sondern von Vila Nova de Gaia aus die Welt eroberte. Der Name aber blieb.

↖ Der Portweinkeller in Calem zeigt die Entstehung der unterschiedlichen Portweinsorten, die durch einen differenzierten Lagerungs- und Abfüllungsprozess entstehen.
↙ Die atemberaubende Treppe der Lello-Buchhandlung macht diese zur schönsten Europas.

TIPP

PARKEN IN PORTO
Optimalerweise sollte man sich eine Unterkunft mit Parkmöglichkeit buchen. Oder sich nach der Ankunft direkt auf Parkplatzsuche begeben und, falls man fündig wurde, das Auto für den Aufenthalt dort stehen lassen. Zu Fuß und mit öffentlichen Verkehrsmitteln ist man in Porto am besten beraten. An den Bahnstationen können Mehrfahrtentickets gelöst werden.

SANDWICH NACH PORTO-ART
Vor der Portweinverkostung kann man mit einem der berühmtesten Gerichte der Stadt eine gute Grundlage schaffen: Francesinha, was übersetzt so viel wie »kleine Französin« bedeutet, ist ein Sandwich mit Fleisch, geschmolzenem Käse und einer Sauce aus Tomaten, Bier und Senf, manchmal auch mit Brandy oder Vinho Verde verfeinert. Das Sandwich soll hier erfunden worden sein. In Anlehnung an die französischen Croque wurde es abgewandelt und für den portugiesischen Gaumen angepasst.

RADTOUR ZUM MEER
Wer sich längere Zeit in Porto aufhält, der sollte sich unbedingt einmal ein Fahrrad ausleihen und zum Meer fahren. Entlang des Douro führt der Weg aus dem Trubel der Stadt hinaus. Einen Fahrradverleih gibt es an der Igreja de San Francisco. Auf der unteren Ebene der Brücke Ponte Louis I geht es nach Vila Nova de Gaia und von dort Richtung Atlantik. Am besten fährt man über Afurada, einem ursprünglichen Dorf mit hervorragenden Einkehrmöglichkeiten. Nach einem Essensstopp geht es, vorbei am Naturpark (Reserva Natural Local do Estuário do Douro), über einen Fahrradweg an den Strand. Zurück nimmt man bis zum Hafen von São Pedro de Afurada denselben Weg. Dort besteigt man das Boot »Flor de Gás«, das einen für wenig Geld mit dem Fahrrad zurück nach Porto bringt – eine kurze, aber sehr schöne Fahrt über den Douro, die den Tag perfekt abrundet.

DIE WIEGE DER NATION

Guimarães schrieb und schreibt Geschichte: 1139 mit der Gründung des Königreichs Portugal, 2001 mit der Kürung zum UNESCO-Weltkulturerbe und 2012 mit der Ernennung zur europäischen Kulturhauptstadt ... Wenn man dann noch hört, wie liebevoll die mittelalterliche Altstadt restauriert wurde, ist klar – hier muss man gewesen sein!

Spätestens wenn man über die Rua de São Tiago in die Stadt hineinfährt, weiß man über ihre Geschichte Bescheid. In großen Lettern steht hier unübersehbar auf einem alten Stück Stadtmauer geschrieben: *Aqui nasceu Portugal* (»Hier wurde Portugal geboren«)! Eine trutzige Burg, ein prunkvoller Palast, wunderschöne Plätze, ein Labyrinth aus schmalen Gassen, zahlreiche Cafés und Restaurants sind die besten Voraussetzungen für einen gelungenen Tag in dieser zauberhaften Stadt.

Idealerweise startet die Erkundungstour auf dem »heiligen Hügel«, dem Ort, wo noch heute die Burg von Guimarães und die kleine romanische Kirche Igreja de São Miguel do Castelo thronen, jene Kirche, in der König Alfons I. getauft worden sein soll. In unmittelbarer Nähe befindet sich auch

2

der Herzogpalast Paço Ducal, in dem heute ein sehenswertes Museum untergebracht ist. Um den zentralen Monumenten der portugiesischen Geschichte einen Besuch abzustatten, steigt man auf der ältesten Straße Guimarães', der Rua de Santa Maria, in die Stadt hinab und direkt auf das Herzstück, den Largo de Oliveira, zu. Um ihn rankt sich eine hübsche Legende, derzufolge ein hier einst gepflanzter Baum nicht recht wachsen wollte. Erst als ein Kaufmann ein Kreuz aufstellte, fing der Baum an zu gedeihen. Bei Einheimischen und Touristen gleichermaßen beliebt, lädt der Largo de Oliveira mit seinen Cafés und Restaurants zum Verschnaufen und zur Einkehr ein. Auf dem Platz befinden sich außerdem die Igreja de Nossa Senhora da Oliveira und das alte Rathaus. Neben dem Olivenbaumplatz (Largo de Oliveira) zählt der Largo do Brasil zu den schönsten Plätzen der Stadt. An seinem Ende erhebt sich die barocke Igreja dos Santos Passos aus dem 18. Jahrhundert.
Ein Stadtbild lässt sich erst aus der Vogelperspektive angemessen würdigen. Daher gehört eine Fahrt auf den Monte da Penha zu einem Besuch Guimarães' unbedingt dazu. Um den Aussichtspunkt zu erreichen, gibt es zwei Möglichkeiten. Entweder nimmt man den Teleférico da Penha, die Seilbahn – in luftiger Höhe liegt einem hier eines der prächtigsten Panoramen Nordportugals zu Füßen –, oder man legt die knapp sieben Kilometer mit dem Auto zurück. Die Straße führt an der Pousada de Santa Marinha da Costa, einem ehemaligen Konvent, vorbei.

↑ Guimarães ist eine portugiesische Stadt im Bezirk Braga, dort soll der erste König von Portugal geboren sein.
← Largo da Oliveira ist ein historischer Platz und abends ein beliebter Treffpunkt im Herzen der Altstadt.

Feste und Bräuche

Jedes Jahr in der ersten Augustwoche erwacht Guimarães' mittelalterliche Seele zum Leben. Dann finden die Festas Gualterianas statt. Traditionell gehören der Cortejo do Linho (wörtl. »Leinenumzug«) und die Batalha das Flores, die Blumenschlacht, dazu. Neben Festumzügen werden auch ein mittelalterlicher Kunsthandwerkermarkt und eine Kunstmesse veranstaltet. Vom 29. November bis zum 7. Dezember, wenn die Vorweihnachtszeit eingeläutet ist, werden die Nicolinas, das Fest der Studenten zu Ehren des hl. Nikolaus, gefeiert. Nach dem Abendessen ziehen die Teilnehmer mit ihren Trommeln durch die Stadt und stimmen die Toques Nicolinos (Nikolausklänge) an.
Ein Brauch zum Schmunzeln wird jedes Jahr am 13. Dezember anlässlich des Festes der hl. Luzia zelebriert. Hierfür wird ein spezielles phallusartig geformtes Gebäck aus Roggenmehl und Zucker hergestellt. Junge verliebte Männer schenken dieses ihrer Angebeteten. Empfindet sie das Gleiche, so bekommt er ein Vögelchen zurück.

TIPP

GUIMARÃES' HAUSBERG

Ein Ausflug auf den Hausberg Monte da Penha sollte man sich nicht entgehen lassen, egal ob zu Fuß oder mit der Seilbahn. Für all diejenigen, die interessiert oder gar gläubig sind, lohnt sich der Weg doppelt, denn hier oben befindet sich ein Sanktuar. An jedem zweiten Sonntag im September findet hier ein Pilgerzug statt, denn es ist ein Wallfahrtsort. Unabhängig davon ist ein Auflug auf den Berg vor allem am Morgen lohnenswert, denn von hier hat man einen perfekten Sonnenaufgang im Blick.

ABSTECHER NACH BRAGA

Wenn man sich länger in Guimarães aufhält, lohnt sich auch ein Besuch der Stadt Braga, die etwa 25 Kilometer nördlich gelegen ist. Während sich in Guimarães die Wiege der Nation befindet, gilt Braga als das religiöse Zentrum Portugals.

3

Weinrebe mit Trauben im Herbstgewand

VALE DO DOURO

AUF DEN SPUREN DES WEINS

Das tiefe Dourotal, Vale do Douro, mit seinen Dörfern, terrassierten Schieferhängen, Weingütern und den Portwein-Trauben bezaubert seine Besucher. Die Luft ist rein, im Sommer schimmert es sattgrün, und im Herbst leuchten die Reben farbenfroh im Sonnenlicht.

Eine ganze Region, die dank ihrer besonderen Stellung und Merkmale im Weinbau von der UNESCO als Weltkulturerbe klassifiziert wurde, zu entdecken, ist ein herausragendes Erlebnis. Dabei könnte man auch auf das Auto verzichten und die Reise vorübergehend per Boot oder mit dem Zug fortsetzen.

Die Fahrt mit dem Auto erfordert hingegen volle Konzentration und bedeutet ein ständiges Auf und Ab auf den engen, kurvenreichen Straßen. Sich dessen bewusst, die Augen offen und bereit, den Hinweisschildern auch mal spontan zu folgen, wird es ein unvergessliches Erlebnis.

Um einen umfassenden Eindruck der Region, ihrer Weingeschichte und ihrer Bedeutung zu bekommen, sind einige Orte Pflicht. Von Porto kommend, führt der Weg zuerst an Peso da Régua vorbei. Dort informiert das Museo do Douro und gibt einen perfekten Einblick in die Weinkultur und die Geschichte der Region. Mit all dem Wissen im Gepäck sind Blick und Sinne für die Umgebung noch einmal geschärft, und es geht nach Pinhão. Der Ort liegt ganz unten im Tal, direkt am Douro. Bevor man aber zu einer Weinprobe in einer der zahlreichen Quintas namhafter Weingüter einkehrt, sollte der Bahnhof mit seinen wunderbaren Azulejos besichtigt werden, im Anschluss vielleicht noch ein Spaziergang am Fluss und dann auf zur Verkostung.

TIPP

WEINPROBEN

Wer lieber etwas abseits vom Trubel eine Weinprobe machen möchte, der wird u. a. in Barcos, Favaios, Provesende, Ucanha, Salzedas oder Trevões fündig.

4

Ausflug zu den
Felsritzungen
am Rio Coa

VILA NOVA DE FOZ CÔA

STEINE, DIE GESCHICHTE SCHRIEBEN

Ein Stausee sollte entstehen, nahe der Stelle, wo der kleine Fluss Côa in seinen großen Bruder Douro mündet. Während man einst glühend heiße Sommer und Schieferbrüche mit der Stadt Vila Nova de Foz Côa verband, änderte sich nun alles. Denn bei den Bauarbeiten wurden Felsmalereien entdeckt.

Vor den Toren der Stadt, entlang des Flusses, verbarg sich jahrtausendelang ein unentdeckter Schatz, der seinesgleichen sucht. Im Zuge der Bauarbeiten für einen Stausee entdeckte man in den 1990er-Jahren prähistorische Felsmalereien, die in zahlreichen Bildern und Darstellungen sehr detailreich und lebendig Geschichte und Geschichten erzählen. Die Felsmalereien belegen, dass die Region bereits vor über 25 000 Jahren besiedelt war. Die »Gemälde« auf den Steinen bilden quasi eine ganze Kunstgalerie. Sie geben Einblicke in das Leben der Altsteinzeit, der Jungsteinzeit und der Eisenzeit. Dann gibt es einen Zeitsprung von rund 2000 Jahren, und man landet in der Neuzeit. Während die älteren Darstellungen hauptsächlich gut erhaltene Tierbilder zeigen, finden sich auf den jüngeren überwiegend religiöse Motive. Dank ihrer exponierten Lage unter freiem Himmel entwickeln die Bilder im Lauf des Tages eine ganz eigene Dynamik, abhängig von der Tageszeit und den Lichtverhältnissen. Mal sind sie im Schatten verborgen, mal treten sie aus dem Dunkel heraus ins helle Licht. Nebenbei räumten sie mit dem Vorurteil auf, dass Felsmalerei nur in Höhlen stattgefunden hat. Die UNESCO erklärte die Sammlung 1998 zum Weltkulturerbe.

TIPP

FÜHRUNGEN

Unbedingt im Vorfeld eine Führung im Parque Arqueológico do Vale do Côa buchen und nach der Führung auch dem Museum einen Besuch abstatten. Oder gar eine Nachtführung buchen.
https://arte-coa.pt/en/

5

MIRANDA DO DOURO

VON FAST VERGESSEN ZU UNVERGESSLICH

Am Ende dieser Route von West nach Ost trifft man wieder auf den Douro, den fließenden Wegbegleiter – dieses Mal in seiner Funktion als Grenzfluss. Besucher finden dort eine imposante Talsperre, einen Stausee, atemberaubende Ausblicke und eine eigene Sprache.

Schon die Kelten siedelten einst hier und hinterließen ihre Spuren. Es folgten die Römer und Mauren. Wie es die Grenzlage vermuten lässt, erkannte auch Alfons I. die strategische Bedeutung und errichtete eine Burg und eine Stadtmauer zum Schutz vor Eindringlingen.

Im 16. Jahrhundert wurde Miranda do Douro zum Bischofssitz, und seine Blütezeit begann. Heute lassen sich auf einem entspannten Spaziergang durch die schmalen Gassen der Stadt u. a. die Ruinen des alten Bischofspalastes, die Überreste der Burg bzw. der Stadtmauer und wappenverzierte

Häuser aus dem 15. und 16. Jahrhundert bewundern. Gleich neben den Ruinen erhebt sich Miranda do Douros dreischiffige Kathedrale, in ihrer Obhut befindet sich die Figur des »Jesuskindes mit dem Zylinder« (Menino Jesus da Cartolinha), die zu Prozessionen mitgeführt wird und sonst vor Ort bestaunt werden kann.
Rückschläge während der Zeit der Invasion und kriegerische Auseinandersetzungen setzten der Hochphase Mirandas ein Ende und ließen es ruhig werden um die Stadt. Ihre Bewohner aber besannen sich ihrer Traditionen und hielten auch an ihrer Sprache fest, dem Mirandés. Vorwiegend in den umliegenden Dörfern gesprochen, findet der aufmerksame Entdecker auf seinem Streifzug durch die Stadt den Hinweis auf die Zweitsprache im wahrsten Sinne des Wortes an jeder Straßenecke – in Form von bilingualen Straßenschildern. Miranda do Douro hat es geschafft, sich wieder einen Namen zu machen. Heute locken der Ort und die umliegenden Gemeinden ihre Besucher mit farbenfroher Folklore und lebendigem Brauchtum, zu denen etwa der Stocktanz, Dança dos pauliteiros, gehört, der von acht Tänzern (Pauliteiros de Miranda) dargeboten wird. Zu öffentlichen Feierlichkeiten ziehen sich die Tänzer ihre typische Tracht mit weißem Rock an, nehmen sich ihre Stöcke und tanzen dann begleitet von drei Musikern zu Dudelsackklängen ihren Stocktanz, der keltiberischen Ursprungs ist. Für das leibliche Wohl sorgt die gute, bodenständige regionale Küche. Empfehlenswert ist die *posta mirandesa*, ein Steak, das seinen feinen Geschmack den hier heimischen Rindern zu verdanken hat.

Raus in die Natur

Nach dem Essen soll Bewegung bekanntlich gut sein. Zum Glück befindet sich Miranda do Douro auf dem Gebiet des Parque Natural do Douro Internacional. Der Park erstreckt sich auf beide Länder, Portugal und Spanien. Dank seiner geografischen Lage hoch oben auf einem Felsmassiv am Durchbruch des Flusses bietet sich ein spektakulärer Blick in die Tiefe. Gerade im hellen Licht der Sonne ist die Sicht auf die verschiedenfarbig schillernden steilen Felswände ein besonderer Genuss. Teils ungestüm, teils ruhig schlängelt sich der Douro unten in den schönsten Blautönen zwischen den Steinwänden hindurch. Er lädt je nach Wetterlage zu Schiffstouren oder – wer selbst aktiv sein möchte – zu Kajak- bzw. Kanufahrten ein. Für gewöhnlich gilt, dass, wo sich der Mensch eins mit der Natur fühlt, es die Tiere schon viel länger tun. Nicht verwunderlich also, dass der Naturpark ein begehrter Nistplatz für viele vom Aussterben bedrohte Vogelarten ist. Einer von ihnen ist der Schmutzgeier, der auch das Symbol des Parks darstellt. Die Brut sicher verstaut, finden die Tiere auf den Feldern und Viehweiden der Landwirte genügend Nahrung.

TIPP

FÜR FANS KELTISCHER MUSIK
Wer im August zu Gast in der Region ist, sollte beim Festival Intercéltico de Sendim, dem Folk-Festival für keltische Musik, in der Ortschaft Sendim südwestlich von Miranda do Douro vorbeischauen. Hier treten nationale und internationale Folk-Bands auf, darüber hinaus gibt es ein buntes Kulturprogramm.

↑ Die bedrohte Vogelart der Schmutzgeier findet in dem Naturpark bei Miranda die besten Lebensbedingungen.
← Die Kathedrale von Mirando do Douro in stimmungsvolles Abendlicht getaucht – der Bau des Gebäudes begann Mitte des 16. Jahrhunderts.

An der Grenze zwischen Spanien und Portugal erstreckt sich der Parque Natural do Douro Internacional mit beeindruckender Flora und Fauna.

ZEIT FÜR EIN WENIG MEER

Von Porto geht es, unterbrochen von Strandhopping und einem Abstecher zu den Salinen von Aveiro, gen Süden nach Aveiro, dem Venedig Portugals. Das Salz noch auf den Lippen, wird die Stadt mit Portugals höchster Lebensqualität, Viseu, angesteuert, bevor die Route, den Wald von Buçaco passierend, in der ältesten Universitätsstadt des Landes, Coimbra, endet.

Portos Straßen hinter sich lassend, führt die Fahrt direkt an den Strand. Ob gleich an die Praia de Canide Norte oder die Praia Madalena mit ihrem langen Holzsteg entlang der Dünen, spielt keine Rolle, Hauptsache Meer: den Sand unter den Füßen und das Meeresrauschen im Ohr.

INFO

Start: Porto
Ziel: Coimbra
Länge: ca. 260 Kilometer
Dauer: 2–4 Tage
Beste Reisezeit: April bis Oktober

Auf der N109, mit Blick auf den Atlantik, rollt der Wagen weiter Richtung **1 Aveiro**, dem »Venedig Portugals«. Wann er dort ankommt, hängt davon ab, an wie vielen der unzähligen Strände angehalten und die frische Meeresbrise in die Lungen eingesogen wird. Gelegenheiten für Fotostopps und Dünenwanderungen gibt es

Portugals weite Sandstrände lassen sich gut mit dem Auto erreichen und laden zum Zeitvertreib ein.

genug. Auch für das leibliche Wohl ist an den Stränden oder in unmittelbarer Nähe gesorgt.
Bevor man in die Stadt Aveiro hineinfährt, empfiehlt sich ein Besuch der Salinas de Aveiro. Die Blütezeit der einst für die Region so wichtigen Salzgewinnung ist zwar vorbei, dennoch ist es ein Erlebnis, an den Salinen entlangzuspazieren, nebenbei noch etwas dazuzulernen und die hier lebenden Tiere (vor allem Vögel) zu beobachten.
Hat man Aveiro auf venezianische Art – mit dem Boot – und per pedes erkundet, ist es Zeit, weiterzuziehen, außer man beschließt, am Meer zu übernachten. Dann sollte der Weg kurz vor Sonnenuntergang Richtung Leuchtturm bzw. ans Wasser führen, um einem fantastischen Sonnenuntergang beizuwohnen. Entscheidet man sich für die Weiterfahrt, geht es auf der A25 nach **2 Viseu**. Der Blick auf die Dörfer, Flüsse und Kanäle, an denen man vorüberkommt, ist auch von der Autobahn aus schön! Wenn die Portugiesen Viseu zur Stadt mit der höchsten Lebensqualität wählen, dann sollte dies für einen Besuch allemal ausreichend sein. Auf den ersten Blick wirkt sie unscheinbar, die Stadt im

Verwunschen oder verwildert?
Ein Brunnen mitten im Märchenwald
Mata Nacional de Buçaco

Herzen Portugals, umgeben von Bergen und den Flüssen Vouga und Dão. Für die Geschichte des Landes ist Viseu durchaus von Bedeutung, und ein Spaziergang durch ihr gut erhaltenes historisches Zentrum lohnt sich. Lange glaubte man, ihre Entstehung sei auf Viriatus, einen lusitanischen Anführer, zurückzuführen. Viseus Festung gibt den Archäologen Rätsel auf. Wann der Grundstein für die Stadt gelegt wurde, ist bis heute nicht abschließend geklärt. Noch ein Grund, sich auf ihre Spuren zu begeben.

Märchenwald und Studentenstadt

Ein Stück mehr Lebensqualität im Gepäck geht es auf der N2 und N234 zum Nationalwald Mata Nacional de Buçaco, einer Waldparkanlage umgeben von einer Mauer. Der Wald, im 6. Jahrhundert von Benediktinermönchen angelegt, ist heute das Zuhause von über 700 verschiedenen Baum- und Pflanzenartenarten aus der ganzen Welt, rund 300 von ihnen sind exotischer Natur. Bei einem ausdehnten Spaziergang auf einem der sechs gut ausgeschilderten Rundwege stößt man auf zahlreiche Kapellen, Grotten, Höhlen, Seen, Brunnen und Treppen, teils bemoost und in die Natur »eingewachsen«. Diese Mischung ist es, die den Park wie einen Märchenwald wirken lässt. Lange Zeit war es Frauen auf Anordnung des Papstes untersagt, den Wald zu betreten. Im 17. Jahrhunderten gründeteten Karmeliter auf dem Gebiet ein Kloster und hegten und pflegten den Park weiter, sodass er bis heute ein Paradies für Naturliebhaber und Botaniker ist. Bereits das portugiesische Königshaus wusste um die Schönheit und Ruhe im Park und ließ hier seine Sommerresidenz errichten. Seit 1909 fungiert sie als Hotel.

Ein Bad für das Wohlbefinden

Wem danach der Sinn nach Wellness steht, kann auf dem Weg nach **3 Coimbra** noch einen Abstecher zu den Termas de Luso machen und ein heilendes Bad nehmen. Das Mineralwasser, das hier gewonnen wird, ist in ganz Portugal zu genießen. Unterwegs auf der N336, trifft man nach einigen Kilometern auf die N1/A31. Diese steuert Coimbra von Norden aus an. Kurz vor den Toren der Stadt erstreckt sich ein weiterer Nationalwald, Mata Nacional do Choupal, Inspirationsquelle für zahlreiche Gedichte und Fado-Gesänge. Der Fado de Coimbra soll auf die hiesigen Studenten zurückgehen, er steht als Sinnbild für das Heimweh, das sie nach Verlassen der Stadt plagt. Ein Besuch des Waldes lohnt sich, auch im Anschluss an das bunte Treiben in der Studentenstadt – und diese steht nun auf dem Programm. Coimbra mutet modern an, hat sich jedoch ihre Geschichte bewahrt. Als älteste Universitätsstadt Portugals lebt sie vom Geist und der Jugend ihrer Studenten, die sich einerseits seit Generationen scheinbar dazu verpflichtet haben, alte Studententraditionen aufrechtzuerhalten und zu leben, andrerseits dafür sorgen, dass Coimbra jung und lebendig ist. Die jahrhundertealten monumentalen Bauwerke erzählen von der langen Geschichte der Stadt, während die Menschen, die hier leben, dafür Sorge tragen, dass auch weiterhin Geschichte geschrieben wird und das Erbe der Nachwelt erhalten bleibt.

RESTAURANTS / ÜBERNACHTUNGEN

EINKEHREN

CONFEITARIA PEIXINHO (AVEIRO)
1856 gegründet, ist es die älteste Bäckerei des Ortes, hier gibt es die berühmten Ovos Moles. Vor mehr als 500 Jahren von Nonnen eines hiesigen Klosters erfunden, werden sie in der Bäckerei heute noch nach dem Originalrezept gebacken.
www.confeitariapeixinho.pt

O BAIRRO (AVEIRO)
Direkt neben dem Fischmarkt gelegen, kann man hier köstliche Spezialitäten aus dem Meer und unwiderstehliche Desserts genießen. Die Einrichtung ist farbenfroh, und an sonnigen Tagen genießt man das Essen auf der Terrasse mit Blick auf das Wasser.
www.facebook.com/obairrorestaurante

CAFÉ SANTA CRUZ (COIMBRA)
Wer den Spirit der Stadt erleben möchte, darf das Café Santa Cruz nicht verpassen. Es ist eines von ehemals drei Cafés, in denen sich einst die Dichter und Denker der Stadt trafen. In den Gemäuern einer alten Kirche untergebracht, lautet das Motto: »Kaffee sollte pechschwarz sein, stark wie ein Stier und so süß wie die Liebe.«
www.cafesantacruz.com

CASA AROUQUESA (VISEU)
Die Casa Arouquesa ist ein Spezialitätenrestaurant, das Fleisch der Arouquesa-Rinder seviert. Die Rasse gibt es nur hier in der Region, und ihr Fleisch ist hervorragend. Die Gerichte sind exquisit und die Weine dazu erstklassig.
www.casaarouquesa.pt

ÜBERNACHTEN

1877 ESTRELA PALACE (AVEIRO)
Das 1877 Estrela Palace befindet sich in einem Gebäude aus dem 18. Jahrhundert und bietet einen herrlichen Blick auf die Ria, die Wasserlandschaft von Aveiro. Die neun Zimmer sind alle bedeutenden Persönlichkeiten von Aveiro gewidmet, sie sind stilvoll und komfortabel.
www.1877estrelapalace.pt

HOTEL OSLO (COIMBRA)
Am Ufer des Mondego und nur ein paar Schritte von Universität und alter Stadtmauer entfernt, ist das Hotel perfekt gelegen. Ambiente und Personal sorgen für einen Wohlfühl-Aufenthalt, und die Tiefgarage spart die Parkplatzsuche.
www.hoteloslo-coimbra.pt/de

PARADOR CASA DA ÍNSUA (NAHE VISEU)
Wer ein besonderes Übernachtungserlebnis genießen möchte, ist hier genau richtig. Inmitten der Weinberge steht dieses prachtvolle Haus, umgeben von Weinreben, Olivenbäumen und einem traumhaften Garten. Neben einer stilvollen Übernachtung kann man hier alles über Wein und Schafskäse lernen, kann helfen und auch verkosten.
https://montebelohotels.com/parador-casa-insua/pt/home

Einen Blick in die Geschichte bietet das Kloster Santa Clara-a-Nova in Coimbra. Hier ist der Kreuzgang des Konvents zu sehen.

1

Aveiro gilt als das Venedig von Portugal.

AVEIRO

VENEDIG PORTUGALS

Aveiro besticht nicht durch seine Sakralbauten oder ein gut erhaltenes mittelalterliches Ortszentrum. Die Stadt überzeugt mit ihren Moliceiros-Bootsfahrten, bunten Häusern, einer Lagune und der Nähe zum Atlantik.

Wasser ist ihr Element. Die Stadt ist am Meer und in der Lagune gelegen und wird von Kanälen durchzogen, auf denen die typischen schmalen und farbenfrohen *barcos moliceiros* vertäut sind und auf die nächsten Gäste warten. Einst dienten sie den Fischern der Lagunenstadt dazu, Algen und Seetang einzuholen, heute werden sie für touristische Spazierfahrten eingesetzt. Einmal auf dem Boot fühlt man sich tatsächlich ein wenig wie in Venedig. Um den Hauptkanal herum sind viele Gebäude im Stil der Arte Nova (Jugendstil) zu bewundern. In der Kirche Misericórdia und an einigen anderen Ecken der Stadt finden sich wunderbare Azulejos. Das Museum von Aveiro, untergebracht im Convento de Jesus, lohnt einen Besuch. Dort kann das Mausoleum der Heiligen Prinzessin Joana in Augenschein genommen werden. Ein Besuch der hiesigen Salinen ist ebenso zu empfehlen wie eine Fahrt ans Meer. Die Costa Nova mit gleichnamigem Strand und den gestreiften Fischerhäusern ist eine der besten Adressen. So dicht am Meer, schenkt dieses den Bewohnern seinen besten Fisch und frische Meeresfrüchte, die die Köche gut zu verarbeiten wissen. Ob als Fischsuppe, Ragout oder gegrillt, es wird ein Genuss. Zum Dessert darf es dann etwas Süßes sein. Ovos Moles sind nicht nur lecker, sondern gelten auch als ein Wahrzeichen der Stadt. Bestehend aus Eiern und Zucker, werden sie entweder in Miniholzfässern oder von einer Schicht Oblatenteig ummantelt serviert. Guten Appetit!

TIPP

MIT DEM FAHRRAD

Wer die Stadt radelnd erkunden möchte, kann dies mit einem der *bugas*, den von der Stadt kostenfrei zur Verfügung gestellten Fahrrädern machen.

2

Blick auf Viseu: Bunte Häuser säumen den Fluss.

VISEU

DIE KÜNSTLERISCH SAKRALE

Mit der Geschichte des Landes tief verwurzelt, empfängt Viseu seine Besucher mit Gelassenheit und lädt sie auf eine Entdeckungstour ein. Ein gut erhaltenes historisches Stadtzentrum, viel Grün und Gastfreundlichkeit prägen das Erscheinungsbild.

Viseu trägt bei den Portugiesen auch den Beinamen »Stadt des Kreisverkehres«, nicht etwa wegen besonders vieler Verkehrsinseln, sondern weil sich hier seit Jahrtausenden die Handelswege trafen. Viseus Historie ist lang. So gibt es Zeugnisse, dass Kelten, Römer, Goten und Araber die Stadt besetzten und besiedelten.
Ausgangspunkt für die Stadtbesichtigung ist die Kathedrale von Viseu, ein romanisch-gotischer Bau mit Barockfassade und Zwillingstürmen. Ihr gegenüber erhebt sich die Igreja da Misericórdia. Das Museum für Sakrale Kunst befindet sich im Gebäudekomplex der Kathedrale, und in ihren Kreuzgängen verbergen sich weitere sakrale Kunstwerke. Der wohl berühmteste Sohn der Stadt ist der Renaissancemaler und -künstler Vasco Fernandes, besser bekannt unter dem Namen Grão Vasco (Großer Vacso). Ein ganzes Museum ist ihm im Gebäudekomplex der Kathedrale gewidmet. Nach so viel kulturellem Input ist es Zeit, die kulinarische Seite der Stadt zu erkunden. Eine der Spezialitäten ist *vitela assada à moda de Lafões* (geschmortes Kalbfleisch), dazu passt ein Glas des hiesigen Weins aus dem Dão-Gebiet. Zur Verdauung gibt es dann die Möglichkeit, im Grünen, in einem der Parks oder am Rossio zu flanieren oder einen Spaziergang entlang der alten Verteidigungsmauer zu unternehmen. Sogar zwei Stadttore der mittelalterlichen Stadtmauer sind erhalten, die Porta dos Cavaleiros und die Porta Soar.

TIPP

PAINEL DE AZULEJOS
Was bei einem Stadtrundgang auf keinen Fall fehlen darf, ist der Painel de Azulejos. Die lange Wand zeigt eindrucksvolle portugiesische Fliesenkunst und befindet sich ganz in der Nähe der Praça da República.

STADT DER STUDENTEN

Früher residierten hier die Könige und heute die Studierenden. Der Geist der Wissenschaft hält die Stadt zusammen, fördert die Moderne, pflegt die Historie, bewahrt alte Traditionen und erhält sie aktiv am Leben. Der Fado, ein Fluss, eine Ober- und eine Unterstadt, historische Gebäude und eine unglückliche Liebesgeschichte – das ist Coimbra.

Einst lebten die Bewohner der Stadt strikt voneinander getrennt: Geistliche und Adelige bewohnten die Oberstadt (Cidade Alta) und die ärmere Bevölkerung die Unterstadt (Baixa) am Ufer des Mondego, der häufig über seine Ufer trat. Kein Wunder also, dass die Universität am höchsten Punkt der Stadt steht. Seit dem 13. Jahrhundert ist Coimbra Universitätsstadt und damit die älteste Portugals. Zusammen mit der Rua da Sofia und der Oberstadt wurde die Universität von Coimbra von der UNESCO zum Weltkulturerbe erklärt – Grund genug, die Stadt von hier aus zu erkunden. Der Universitätskomplex ist mehr als beeindruckend. Der Turm, dessen Glocken einst Anfang und Ende der Seminare vorgaben, lädt zu einem Aufstieg ein und bietet einen traumhaften 360°-Blick über Coimbra. Wieder unten,

3

↑ Ein absoluter Hingucker: der Brunnen im Parque de Santa Cruz in Coimbra
↙ Die Treppen der Universität in Coimbra führen zur Klosterarkade hinauf. 1537 gegründet, war sie damals ausschließlich für Geistliche und Adelige gedacht.

gilt es, den Innenhof, den Kapellensaal, die Capela de São Miguel mit ihrer imposanten barocken Orgel und natürlich die Bibliothek, Biblioteca Joanina, zu besichtigen. Letztere birgt mehr als 300 000 Werke aus dem 16. bis 18. Jahrhundert, die in prunkvollen Regalen stehen.
Neben der Universität gibt es noch weitere Bauwerke, Sehenswürdigkeiten und Plätze, die zum Erkunden einladen und dabei einen Teil der Stadtgeschichte auf ihre ganz eigene und individuelle Art erzählen. Dazu gehören die Kathedrale Sé Vela, das Kloster Santa Cruz oder das Nationalmuseum Machado de Castro.
Wer in eines der vielen Restaurants zum Mittagessen einkehrt, der kann Glück haben und auf eine der singenden Studentengruppen treffen. Die berühmtesten sind die Tunas, die Sänger der Studentenverbindungen, die ihre ganz eigene Form des Fado pflegen, der meist von der Gitarre und/oder Mandoline begleitet wird. Die Gesänge handeln von den Erlebnissen in der Universität. Ursprünglich dienten sie dazu, sich eine warme Mahlzeit zu ersingen. Welch eine Freude, dass die Studenten ihr Erbe bewahren und es von Generation zu Generation weitergeben! Nach dem guten Essen und den traditionellen Gesängen wird, zumindest in den meisten Fällen, auch die Rechnung für Freude sorgen, diese ist in der Regel verhältnismäßig niedrig. Angesichts der vielen Studenten werden vielerorts Mensapreise angesetzt, damit sich jeder eine warme Mahlzeit leisten kann.

Die andere Seite des Flusses

Gut gestärkt und den Fado noch im Ohr geht es auf die andere Seite des Mondego. Die Füße eventuell kurz im Fluss abgekühlt, erreicht man in Ufernähe die Ruinen des Klosters und der Kirche Santa Clara-a-Velha. Sie erzählen uns heute noch die Geschichte der Ordensfrauen mit weltlichem Charakter.
Unweit des ehemaligen Konvents befindet sich seit 1940 der Themenpark Portugal dos Pequenitos. Dieses Miniaturwunderland macht es möglich, einen Großteil von Portugals historischen Sehenswürdigkeiten zu bewundern. Die Anlage besteht aus fünf Bereichen mit unterschiedlichen Schwerpunkten. In einem davon kann man Nachbildungen von Denkmälern aus vielen Regionen des Landes bewundern. Es gibt außerdem einen Kolonialbereich, der entsprechende Artefakte und Exponate zeigt, ein weiterer Bereich ist den Inseln (Madeira und Azoren) gewidmet.
Zum Ausklang eines erlebnisreichen Tages eignet sich ein Spaziergang durch das 18 Hektar große Areal der Jardins da Quinta das Lágrimas unweit des Themenparks. Zwischen all den wunderbaren, zum Teil exotischen Pflanzen und Bäumen wandelt man auf den Spuren der wohl bekanntesten Liebesgeschichte der Stadt: jener des späteren König Dom Pedro I. und seiner Inês, die, wie nicht anders zu erwarten, herzzerreißend mit dem Tod Inês' endete, einen Bürgerkrieg und blutige Rache nach sich zog …

TIPP

NACHTLEBEN GENIESSEN
Alle Nachtschwärmer sollten unbedingt in der Stadt übernachten und das Nachtleben genießen. Coimbras Nachtleben gilt als eines der besten des Landes.

FADO DE COIMBRA
Coimbra ist ein wichtiges Zentrum des Fado. Daher sollte auch der Besuch einer Fado-Show nicht fehlen. Im Kulturzentrum Fado ao Centro werden täglich Fado-Shows veranstaltet.
https://fadoaocentro.com

STUDENTENFEIERLICHKEITEN
Zu Beginn des Semesters Ende Oktober erlebt man die Latadas, einen Festumzug der Erstsemester (die mit Blechbüchsen an den Füßen versehen sind), der damit abschließt, dass sie mit dem Nachtgeschirr der älteren Semestern »getauft« werden. Zum Ende des Semesters im Mai findet die Queima das Fitas statt, eine Festwoche, an deren Ende das Zepter an den nächsten Abschlussjahrgang übergeben und die Studententracht symbolisch zerrissen/verbrannt wird.

Ruhe und Erholung: im Kreuzgang in der Igreja do Salvador in der Altstadt von Coimbra

UNTERWEGS IM »STERNENGEBIRGE«

Hoch oben in den Bergen ist man dem Himmel so nah, dass die Sterne greifbar zu sein scheinen – vielleicht daher der Name des Gebirges. In der Abgeschiedenheit der Berge gibt es wahre Schätze zu entdecken. Eine von Viehzucht, bizarren Felsen, Wasserfällen und Wäldern geprägte Landschaft lädt dazu ein, die Seele baumeln zu lassen, zu verweilen oder zu wandern.

Die Serra de Estrela ist die höchste Gebirgskette des portugiesischen Festlandes, beherbergt das einzige Skigebiet und ist als Naturpark geschützt. Straßen und Wanderwege winden sich durch die Berge, gesäumt von Wäldern und durchzogen von Bächen und weiten Tälern, in denen Schafe und Ziegen weiden. Immer wieder trifft man auf Bergdörfer, in denen die Zeit stehen geblieben zu sein scheint. In den verschiedenen Höhenlagen lassen sich seltene und wilde Tiere in ihrer natürlichen Umgebung beobachten, unter ihnen Wildschweine, Wildkatzen, Fischotter und Füchse.

INFO

Start: Covilhã
Ziel: Castelo Branco
Länge: ca. 230 Kilometer
Dauer: 3–5 Tage
Beste Reisezeit: April bis Oktober

Um alle Facetten des Naturparks und der Region erleben zu können, startet die Route am südöstlichen Rand in Covilhã, führt durch die Mitte in den Nordosten, umrundet die Nordspitze, um dann über Guarda und Belmonte auf der A23 bzw. N108 der Serra da Estrela den Rücken zu kehren und nach Castelo Branco weiterzufahren.

1 **Covilhã**, das Tor zur Serra da Estrela, ist zwischen Bergketten und Flüssen gelegen. Seine Wirtschaft war jahrhundertelang von der Wollproduktion geprägt. Ob Motorsport, Fußball oder Wintersport, hier geht es das ganze Jahr über sportlich zu. Auf der N230 und M501 führt die Strecke in

Die Magie des Sonnenaufgangs in der Gebirgskette Serra da Estrela

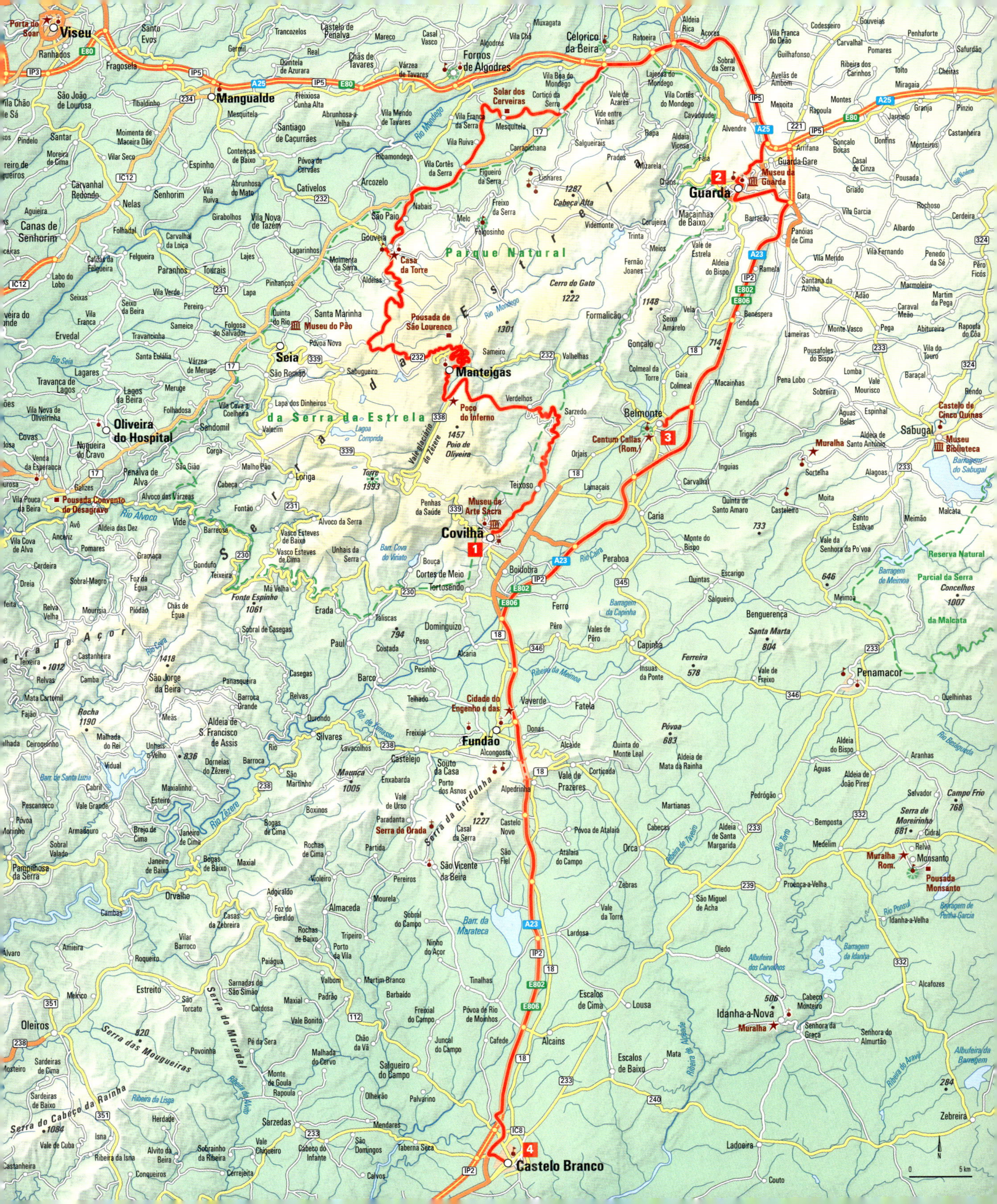

Viseu
Mangualde
Fornos de Algodres
Celorico da Beira
Solar dos Cerveiras
Guarda
Museu da Guarda
Parque Natural
da Serra da Estrela
Gouveia
Casa da Torre
Pousada de São Lourenço
Seia
Museu do Pão
Manteigas
Poço do Inferno
Oliveira do Hospital
Pousada Convento do Desagravo
Torre 1993
Covilhã
Museu de Arte Sacra
Belmonte
Centum Cellas (Rom.)
Sabugal
Castelo de Cinco Quinas
Museu Biblioteca
Muralha
Reserva Natural
Parcial da Serra
da Malcata
Penamacor
Cidade do Engenho e das
Fundão
Serra da Gardunha
Serra de Orada
Muralha Rom.
Monsanto
Pousada Monsanto
Idanha-a-Nova
Muralha
Oleiros
Serra das Mougueiras
Serra do Muradal
Serra do Cabeço da Rainha
Castelo Branco
Serra de Açor
1
2
3
4
0
5 km

Mit dem Auto geht es kurvenreich durch die Serra da Estrela.

nordöstliche Richtung durch die herrliche Bergwelt. Erstes Ziel ist Poço do Inferno, für die rund 30 Kilometer sind gut 50 Minuten einzuplanen. Um das Auto abzustellen, den Hinweisschildern folgen, parken und gemütlich die Gegend erkunden. Es ist traumhaft schön hier oben in der unberührten Natur. Der kleine Wasserfall mit seinem Naturbecken lädt Mutige zu einem Bad ein. Kleine Holzstege verbinden die Felsen, Picknickbänke stehen zwischen den Bäumen.

Ob man es von Poço do Inferno wirklich in 20 Minuten nach Manteigas schafft, wie es das Navi anzeigt, ist fraglich. Zu viele Versuchungen locken unterwegs. Zwar fordert die Fahrt in den Bergen höchste Konzentration, belohnt aber mit großartigen Ausblicken. Manteigas dient vor allem als Orientierungshilfe auf der Fahrt durch die Berge und als Zwischenziel für das Navigationssystem. Um die Kleinstadt herum gibt es viele ausgeschilderte Aussichtspunkte und Spazierwege. Für eines sind Manteigas und ihre Umgebung jedoch landesweit bekannt: ihren Käse. Der Queijo da Serra da Estrela gilt als der beste Schafskäse Portugals.

Wer Kurven liebt, wird vom nächsten Streckenabschnitt auf der N232 begeistert sein. Eine Kehre folgt der anderen. Und hinter jeder taucht wieder ein neues Schild, das auf den nächsten Miradouro, das Observatorium oder einen Wanderweg hinweist – Gründe zum Anhalten gibt es genug. Dort, wo die N232 auf die N17 trifft, wird rechts abgebogen. Mesquitela dient hier als Richtungsweiser. Es ist kein Ort, sondern eine Art Großgemeinde, deren Teile weit verstreut sind. Hier lässt es sich gut aushalten: das Auto abstellen und spaziergengehen. An der N17 gibt es auch immer wieder Möglichkeiten zur Einkehr. Nimmt man aber eine der Abzweigungen und verlässt die Nationalstraße, kann das nächste Lokal auf sich warten lassen und die Route im wahrsten Sinne des Wortes zu einer Durststrecke werden. Also unbedingt für Verpflegung im Auto sorgen.

Wer sich zwischendurch die Füße vertreten möchte, kann beispielsweise Solar dos Cerveiras (eine Unterkunft) ins Navi eingeben und landet dann in einem sehr schönen Teil von Mesquitela, der perfekt für einen Spaziergang ist. Aber aufgepasst: auf der Hauptstraße bleiben und in der Nähe der Kirche parken – die Navis leiten einen gern in die Irre. Bei einem Rundgang lassen sich in den Hinterhöfen und auch vom Wegesrand aus alte Mauern und teils erhaltene Gehöfte aus dem 16. und 18. Jahrhundert entdecken.

Von Seefahrern und Judentum

Nach diesem Zwischenstopp geht es zurück auf die N17. Wenige Minuten später hat man die Möglichkeit, entweder über die N16 oder die A25 nach 2 **Guarda** zu fahren. Weniger anstrengend ist die Autobahn und nicht weniger sehenswert sind die Ausblicke. In Guarda, der auf 1056 Metern höchstgelegenen Stadt Portugals, angekommen, weht dem Besucher eine Brise frischer Bergluft um die Nase. Heute ein Luftkurort, blickt die Stadt auf eine kriegerische Vergangenheit zurück. Oft stand sie im Zentrum der Auseinandersetzungen. Ihre historischen Gebäude erzählen die Geschichte dazu. Weniger bekannt ist, dass sich seit dem 5. Jahrhundert Juden in Portugal ansiedelten, vor allem um das Gebiet der Serra da Estrela herum. Guarda ist eine der Städte, in der sich noch heute Zeugnisse jener Jahrhunderte finden, die einen Teil jüdischer Geschichte erzählen.

Genug frische Luft geschnappt, führt die Route über die N18 oder die A23 weiter nach 3 **Belmonte**, einer der Hochburgen portugiesisch-jüdischer Geschichte. Die Stadt, die der portugiesischen Seefahrt jenen Kommandanten schenkte, der im Jahr 1500 Brasilien entdeckte – Pedro Álvares Cabral –, ist bis heute vor allem als eines der Hauptzentren des Judentums in Portugal bekannt.

Um das Ziel dieser abwechslungsreichen Route ohne weitere Unterbrechungen zu erreichen, geht es über die Autobahn A23 nach 4 **Castelo Branco**. Im Reich der Tempelritter wohnte man hier Ende des 12. und im 13. Jahrhundert. Heute erfreuen sich die Besucher an der Templerburg, prächtigen Portalen und Kirchen sowie einer Treppe, die von Statuen aller portugiesischen Könige geziert wird.

RESTAURANTS / ÜBERNACHTUNGEN

EINKEHREN

G TREZE (COVILHÃ)
Elegant und unaufgeregt ist das Lokal. Nichts lenkt vom Essen ab, denn jeder Teller ist ein Hingucker. Während die Erwachsenen ihre Gaumen mit etwas Besonderem verwöhnen, bekommen Kinder kindgerechte Menüs serviert.
www.gtreze.pt/

A TASQUINHA (GUARDA)
Typisch portugiesische Taverne, familiäres Flair, freundlicher Service und frisch zubereitetes gutes Essen.
www.facebook.com/atasquinha/?locale=pt_BR

A GRELHA (BELMONTE)
Diese kleine Taverne hat eine hübsche Terrasse, auf der man die gute portugiesische Küche genießen kann. Die Portionen sind sehr reichhaltig, und das Preis-Leistungs-Verhältnis ist sehr gut.
https://cm-belmonte.pt/diretorio/a-grelha

CAPELO'S (CASTELO BRANCO)
Hier sollte man unbedingt einen Platz auf der überdachten Terrasse ergattern. Im Schatten lassen sich die guten Weine zum Essen mit anschließendem Dessert am besten genießen.
www.facebook.com/capelosrestaurante

ÜBERNACHTEN

PAÇO 100 PRESAS (COVILHÃ)
Ein kleines charmantes Bed & Breakfast in der Altstadt. Die Zimmer sind alle hübsch eingerichtet und bieten großen Wohlfühlfaktor. Der kleine Innenhof lädt zum Verweilen ein.
www.paco100pressa.pt

SOLAR DOS CERVEIRAS (MESQUITELA)
Das Solar ist der perfekte Ort zum Entspannen und um in die Sterne zu gucken. Der Hof ist weitläufig und charmant mit Bäumen, Wiesen und Mauern aus dem 16. Jahrhundert, und das Frühstück ist das beste, das man bekommen kann: Fast alles hausgemacht und wird in einer Küche aus dem 18. Jahrhundert serviert.
www.solardoscerveiras.com

GUESTHOUSE DA SÉ (GUARDA)
Das Hostel liegt ganz zentral bei der Kathedrale. Zimmer gibt es mit und ohne eigenes Bad. Optimal, wenn man nur zum Schlafen kommt und kurze Wege haben möchte.
https://guesthouse-da-se.centro-portugal-hotels.com/pt

CASA 3 (CASTELO BRANCO)
Die kleinen Studios und Apartments versprühen Natürlichkeit. Die Parkettfußböden sind wunderschön und die Möbel vorwiegend in Holzoptik. Die Unterkunft ist gemütlich und liegt zentral, man fühlt sich wie zu Hause.
https://casa3.pt

Frühstück im Solar dos Cerveiras, mit selbstgemachten Marmeladen und Ziegenkäse der Region

ZWEI FLÜSSE, WOLLE UND MEHR

Das industrielle Erbe der Wollproduktion und Überreste seiner jüdischen Vergangenheit stehen für Covilhã. Als Tor zur Bergwelt ist die Stadt strategisch günstig gelegen, und mit ihrer futuristisch anmutenden Brücke wurde ihr 2009 ein modernes Denkmal gesetzt.

Covilhã war schon immer besonders. Zwischen den Flüssen Carpinteira und Goldra inmitten einer herrlichen Berglandschaft gelegen, war die Stadt bereits in ihren Anfängen ein Industriestandort. Die Menschen hier lieben ihre Natur und mussten im Mittelalter per Dekret gezwungen werden, innerhalb der damaligen Stadtmauern zu ziehen. Häuser entstanden auf engstem Raum, was bei einem Rundgang auch heute noch gut zu erkennen ist.

Von jeher basierte Covilhãs Wirtschaft auf den natürlichen Ressourcen seiner Umgebung, vor allem aber auf Wolle. Die Wollproduktion hatte ihren Ursprung in der jüdischen Gemeinde der Stadt, die bis zur Reconquista und der Zwangschristianisierung aktiv war. Bereits 1681 wurde die erste Wollfabrik eröffnet.1683 kamen die ersten Webmaschinen nach Covilhã. Einzigartig ist die Stadtentwicklung auch deshalb, weil Covilhã während der Diktatur umgestaltet wurde. Ein neuer Rathausplatz wurde geplant und gebaut, und man schuf ein neues Stadtzentrum.

Mit dem Niedergang der Industrie besann man sich der Wissenschaft, die Universität wurde erweitert, alte Fabrikgebäude zu Instituten umgebaut. Auf diese Weise versuchte man, die Ursprünge der Stadt zu bewahren und ihr industrielles Erbe zu erhalten. Spektakulär ist die von 2003 bis 2009 gebaute und vom portugiesischen Architekten João Luís Carrilho da Graça entworfene Fußgängerbrücke, die den Fluss Carpinteira und das Flusstal in 52 Metern Höhe auf 220 Metern Länge überspannt.

TIPP

IM JÜDISCHEN VIERTEL

Wer nach Covilhã reist, sollte unbedingt einen Rundgang durch das ehemalige jüdische Viertel mit seinen engen Gassen und den sehenswerten manuelinischen Fenstern einplanen.

↖ Die Kirchenfassade der Igreja de Santa Maria Maior ist mit den typischen blau-weißen Fliesen geschmückt.
→ Die zickzackförmige Fußgängerbrücke führt über das Tal Ribeira da Carpinteira und hat eine gewundene und segmentierte Konstruktion, die sich auf 220 Meter Höhe befindet.

1

2

Die Kathedrale von Guarda beeindruckt aufgrund ihres massiven Baus.

GUARDA

DIE HOCHGEBAUTE WEHRHAFTE

Hoch gelegen, verteidigte Guarda einst das Land an der Grenze zu Kastilien und León. Wehrhaft thront noch heute die Torre de Menagem am höchsten Punkt der Stadt. Fast abweisend und wachsam erscheint Guarda im ersten Moment, überzeugt dann aber mit einer pittoresken Altstadt und viel Lebensfreude.

In Guarda angekommen, heißt es erst einmal, sich einen Überblick zu verschaffen. Dies funktioniert am besten auf der Torre de Menagem, dem höchsten Punkt der Stadt und ein Rest der alten Festung. Danach gilt es, unterwegs auf den Straßen die Geschichte der Stadt zu entdecken. Schenkt man einer Redensart Glauben, so ist Guarda »fria, feia, farta, forte y fiel«, also kalt, hässlich, reich, stark und treu. Was davon stimmt, weiß ein jeder nach dem Besuch.

Sé Catedral, die Kathedrale von Guarda, befindet sich unweit des Turms. Ihr massives Äußeres wirkt wie ein Symbol zur Verteidigung des Glaubens. Im Inneren überrascht sie mit hohen Decken und einem steinernen Altarbild. Vom Platz vor der Kathedrale gehen enge Straßen ab, gesäumt von eindrucksvollen Palästen aus Granit. Bei einem Bummel durch das historische Zentrum wird man bis heute von gut erhaltenen mittelalterlichen Mauren und Türmen geschützt.

Das alte jüdische Viertel (Judiaria) gehört ebenfalls erkundet. Seit dem Mittelalter bewahren die Häuser in Stein gravierte hebräische Symbole. Typisch sind die zwei Türen – eine führt in die Wohnung und die andere in den Laden. Ergänzt wird Guardas Besichtigung mit einem Gang ins Museu da Guarda und dem Besuch mindestens einer weiteren Kirche, etwa der barocken Igreja da Misericórdia

TIPP

ABSTECHER INS GRÜNE

Vor den Toren der Stadt befindet sich der Estrela UNESCO Global Geopark. Hier lassen sich schöne Wanderungen am Fluss Mondego und seinen Nebenflüssen inkl. dreier Hängebrücken unternehmen.

3

Die Villa Centum Centas ist eine römische Ruine.

BELMONTE

KLEIN, ABER OHO

Belmonte ist zwar klein, wenn es um Fläche und Einwohnerzahl geht, aber ganz groß beim Thema Geschichte. Ob bei der Seefahrt, der Verteidigung des Landes, als Zufluchtsort für Glaubensflüchtlinge oder als Bewahrerin von Geheimnissen – Belmonte hatte immer die Finger im Spiel.

Wie in so vielen Orten in der grenznahen Region wurde auch in Belmonte eine Burg erbaut, die in erster Linie der Verteidigung dienen sollte. Eine Straße führt hinauf auf den Berg, wo die Burg thront und zur Besichtigung einlädt. Bei genauerem Hinsehen entdeckt man oberhalb des Doppelfensters an der Westwand des Gebäudes das Wappen der Familie Cabral (zwei Ziegen). Aus ebendieser Familie stammt der Mann, der für Portugal Geschichte schrieb, als er im Jahr 1500 Brasilien entdeckte: Pedro Álvares Cabral. Ihm, der Geschichte der Seefahrt und insbesondere Cabrals Entdeckungen hat Belmonte ein ganzes Museum gewidmet, das Museu dos Descobrimentos. Jüdischer Glauben spielt in Belmonte schon seit geraumer Zeit eine Rolle, und lange tolerierten sich Christen und Juden gegenseitig. Im 16. Jahrhundert vertrieb die katholische Kirche die Juden, sofern sie nicht christianisiert waren. Doch in Belmonte hielt sich eine jüdische Gemeinde, pflegte ihre Traditionen im Geheimen und bewahrte ihre Bräuche. Gut 500 Jahre lebten die sogenannten Kryptojuden ihren Glauben im Verborgenen, erst Ende des 20. Jahrhunderts bekannten sie sich wieder offiziell zum Judentum. Mehr über ihre Geschichte erfährt man im jüdischen Museum.

TIPP

QUALITÄTSÖLE

Portugal produziert hervorragende Olivenöle. Höchste Zeit also, sich einmal anzusehen, wie die Öle entstehen. Am besten kann man das im Olivenölmuseum (Museu do Azeite) von Belmonte. https://cm-belmonte.com

4

CASTELO BRANCO

TRADITION TRIFFT MODERNE

Modern ist der Geist, traditionell ihr berühmtestes Exportgut: die aufwändigen Handstickereien. Eine Templerburg erzählt von kriegerischen Zeiten, die Könige der Nation stehen an einer Treppe Spalier, und in der Gaststube bekommt man besten Käse, hervorragendes Olivenöl und ein gutes Glas Wein.

Die Gegend war längst besiedelt, als König Alfons II. den Tempelrittern am Anfang des 13. Jahrhunderts dieses Fleckchen Erde schenkte. Die Tempelritter bauten sich eine Burg zum Wohnen und zu ihrem Schutz. Die Burgruinen locken Besucher heute noch an, vor allem weil man nach dem Aufstieg mit einem zauberhaften Blick über die Stadt belohnt wird.

Dann geht es, etwa über die Rua d'Ega, hinab in die Altstadt. Bei genauerer Betrachtung der Häuser lässt sich erkennen, dass sie bereits mehrere Epochen überdauert haben. Auf der Praça Camões angekommen, erspäht man recht schnell das Rathaus, das im 18. Jahrhundert erbaut wurde, gegenüber erhebt sich ein Bogen, ein Relikt aus der Templerzeit. Dieser Bischofsbogen führt zur Kirche Santa Isabel.

Sobald der Uhrenturm (Torre do Relógio) erreicht ist, verlässt man den mittelalterlichen Teil der Stadt. Auf dem Programm stehen jetzt noch die Kathedrale, das Museum Franciso Tavares Proença Júnior und die wunderschönen Barockgärten des bischöflichen Palais, wo man mit der von den portugiesischen Königen gesäumten Treppe eine kleine Geschichtslektion erhält. Im Museum werden die Tradition der weltberühmten Stickereien Castelo Brancos dokumentiert und einige besondere Exponate ausgestellt.

Wessen Wissbegierde noch nicht gestillt ist, der könnte jetzt noch durch den Stadtpark spazieren und dem Graça-Kloster mit seinem Museum einen Besuch abstatten.

↗ Das Museum Francisco Tavares Proença Júnior liegt direkt neben dem Botanischen Garten.
← Heiligenstatuen säumen den Treppenaufgang in den Gärten des Castelo Branco.

TIPP

FAST WIE AM MEER

An heißen Tagen, wenn einem ein Abstecher von Castelo Branco zum Meer zu weit erscheint, eine Erfrischung aber dringend nötig ist, bietet das Erlebnisbad im Ort alles, was es braucht: eine einmalige Badelandschaft, die das Baden im Meer perfekt nachstellt, und das am Rande eines Gebirges.
www.albigec.pt

WELLEN, PILGERN, MARMOR UND WELTERBE

Vom Surferparadies führt der Weg ins Kloster de Santa Maria da Vitória und weiter in Portugals berühmtesten Pilgerort, gefolgt vom Besuch einer Tempelritterburg und einem Abstecher in die Berge der Serra de São Mamede. Nach einem Spaziergang durch die üppige Flora und Fauna steuert die Route auf einen Turm aus Marmor zu.

Zwischen Fischerfrauen in traditioneller Tracht tummeln sich leicht bekleidete Surfer. Während die einen Traditionen bewahren, versuchen die anderen, immer neue Rekorde aufzustellen. Die Route startet in **1 Nazaré**. Am Fuß des Sítio-Berges, den Strand vor der Haustür, wurde aus dem verschlafenen Fischerort 2011 über Nacht ein Surfer-Hotspot. Vom Strand geht es stadtauswärts auf die IC9 und später über die N1 nach **2 Batalha**. Batalhas Kloster, heute UNESCO-Welterbe, ist das Aushängeschild der Kleinstadt. Es zählt zu den größten mittelalterlichen Klosteranlagen Portugals und wurde in Gedenken an die 1385 geschlagene

INFO

Start: Nazaré
Ziel: Estremoz
Länge: ca. 300 Kilometer
Dauer: 3–5 Tage
Beste Reisezeit: April bis Oktober

Die Korkeichenallee am Rande eines Feldweges liegt im savannenartigen portugiesischen Alentejo.

Schlacht von Aljubarrota errichtet, in deren Folge sich Portugal die Unabhängigkeit sichern konnte. Der Ort Batalha (das portugiesisische Wort für Schlacht) selbst hat sich nach dem Bau des Klosters entwickelt.

Kurvenreich schlängelt sich die EN 356 durch das Alentejo in Richtung **3 Fátima**. Doch vor der Erkundung des Pilgerortes empfiehlt es sich, einen Blick in Portugals Unterwelt zu werfen. Kurz vor den Toren Fátimas geht es zu den Grutas da Moeda, den Münzgrotten. Zwei Jäger entdeckten sie im Jahr 1971 ganz zufällig, als sie einen Fuchs verfolgten. Überrascht von dem, was sie vorfanden, gruben sie weiter. Schnell stießen sie auf eine große Höhle mit fantastischen Tropfsteingebilden. Fachleute und Geologen wurden hinzugezogen, und so wurden die Grutas da Moeda für Touristen zugänglich gemacht – definitiv sehenswert und ein schönes Kontrastprogramm zu all den Burgen, Klöstern und Schlössern. Zurück an der Erdoberfläche heißt es: auf nach Fátima! Im Jahr 1917 soll die Jungfrau Maria an diesem Ort drei Hirtenkindern ganze sechs Mal erschienen sein, um ihnen die »Drei Geheimnisse von Fátima« zu enthüllen, darunter die

Charmante Pappelalleen sorgen für Reisegenuss.

Vorhersage eines Attentats auf Papst Johannes Paul II., so geschehen 1981. Dieser kam aus Dankbarkeit dreimal nach Fátima, und noch heute tun es ihm viele Katholiken gleich und pilgern hierher. Ob man daran glaubt oder nicht, sehenswert ist der Ort allemal.
Beeindruckt von den Ausmaßen des Wallfahrtortes und zurück im Auto, führt die Strecke nun über die N349 und die IC9 durch die traumhafte Landschaft des Alentejo. Felder, Weideflächen, hin und wieder eine Weinrebe, Olivenbäume und Korkeichen begleiten die Fahrt über Land. Noch bevor **4 Tomar** erreicht wird, kommt man nach Alburitel: Zeit für einen Spaziergang, der zum Baloiço do Talegre führt, eine Schaukel mit grandiosem Ausblick auf die Region. Wer nicht laufen möchte, kann über eine nicht asphaltierte Straße etwas näher an den Aussichtspunkt heranfahren.
Den Kopf wieder frei für neue Eindrücke, hält der Wagen Kurs auf Tomar, der zweiten UNESCO-Welterbestätte auf dieser Route. Ab 1160 errichteten die Tempelritter auf dem Hügel eine Burg und gründeten zu ihren Füßen eine Stadt. Später übernahmen die Christusritter hier das Zepter, ihr Convento do Cristo ist die zum Weltkulturerbe gekürte Stätte. Das wohl berühmteste Fenster in ganz Portugal, die Janela do Capítulo mit ihrem üppigen Schmuck, der einer Koralle gleicht, ist Teil des Welterbes. Ein Spaziergang durch Tomar gleicht der Lektüre eines Buchs über Kunstgeschichte, so viele kunsthistorisch interessante Objekte verschiedenster Stilepochen lassen sich hier entdecken.

Ein Naturpark und der Marmor

Entlang der Strecke auf der N118 und N246, die nach Castelo de Vide und dem Parque Natural da Serra de São Mamede führt, sollte unbedingt Zeit für Zwischenstopps einkalkuliert werden. Denn am Wegesrand werden immer wieder Hinweisschilder zu Megalithen und Dolmen auftauchen (auf Portugiesisch »*anta*«), die einen Halt wert sind. Manch einer der Steinblöcke befindet sich zwar auf Privatgrund, aber einmal nett nachgefragt, darf man in der Regel bis an die Steine herangehen.
Am Nordhang der Serra de São Mamede gelegen, wird auch Castelo de Vide von einer Burg gekrönt. Mit ihren steilen Treppen und verwinkelten, kopfsteingepflasterten Gassen hat sich die Kleinstadt viel von ihrem mittelalterlichen Flair bewahrt. Auch eine Synagoge findet man heute noch im alten Judenviertel. Umgeben vom üppigen Grün der Gebirgslandschaft, lädt der Naturpark im Anschluss an die Besichtigungen zu einer kleinen Wanderung ein. Fünf Touren hat der Park zusammengestellt.
Weiter durch die herrliche Landschaft in Richtung Estremoz kommt man auch an Portalegre nicht ohne Anhalten vorbei. Wer sich für Wandteppiche, den Exportschlager der Stadt, interessiert, sollte unbedingt einen Abstecher zur Teppichmanufaktur und dem dazugehörigen Museum machen.
Mit so vielen verschiedenen Eindrücken nähert sich die Tour ihrem Ende. Die Stadt Estremoz (im Navi auch als Santa Maria Estremoz zu finden) befindet sich mitten im Marmorabbaugebiet. Ein Spaziergang durch die Stadt zeigt, dass auch beim Bau der Gebäude nicht mit dem edlen Gestein gegeizt wurde. Noch heute wird Marmor aus Estremoz – auch die weiße Stadt genannt – in die ganze Welt exportiert. Die natürliche Farbe des Marmors hier reicht von Hellbeige bis Rosé. Selbstverständlich gibt es auch eine sehenswerte Burg, einst von König Dinis (1261–1325) und seiner Gattin Isabel bewohnt, eine Kapelle, die ebendieser Gattin gewidmet ist, und ganz viel portugiesisches Flair zu erleben.

RESTAURANTS / ÜBERNACHTUNGEN

EINKEHREN

O SANTO DE ANIBAL (NAZARÉ)

Das Restaurant ist ein wahres Paradies für alle, die Fisch und Meeresfrüchte mögen. Die Gerichte sind frisch und lecker und die Preise günstig. Am besten zum Mittagsmenü kommen, dann wird das Fischvergnügen noch preiswerter. Sollte kein Platz frei sein: In der Umgebung tummeln sich viele Tavernen und Restaurants, und die Qualität ist überall gut!
www.facebook.com/people/Casa-O-Santo/100064154080448

ENIGMA – HAMBURGUERIA ARTESANAL (BATHALA)

Für Abwechslung auf dem Speiseplan sorgt dieses Restaurant. Urig, aber modern mit Holz verkleidet, strahlt es viel Gemütlichkeit aus. Und die Burger sind Spitzenklasse. Bekannte und unbekannte Variationen werden hier auf höchstem Niveau zubereitet.
https://hamburgueriaenigma.pt

O BENFIQUISTA (FÁTIMA)

Dort, wo viele Einheimische zu finden sind, ist es für gewöhnlich gut. So ist es auch hier. Ein Lokal für alle, die es authentisch mögen und gern dem portugiesischen Geschnatter lauschen, während sie gutes Essen genießen.
www.facebook.com/Ruilaferia37

PIRI-PIRI (TOMAR)

Von außen völlig unscheinbar und leicht zu übersehen, überrascht das familiengeführte Restaurant mit Herzlichkeit und fantastischen Gerichten. Absolut empfehlenswert sind das Piri-Piri-Huhn und das Limettendessert.
www.facebook.com/restaurantepiripiri.tomar

ÜBERNACHTEN

CASA DO QUICO (NAZARÉ)

Die Apartments sind alle unterschiedlich eingerichtet, und jedes hat seinen eigenen Charme. Der Strand ist nicht weit. Hier lässt es sich gut als Basis zur Erkundung der Umgebung einrichten.
www.casasdoquico.pt

MOSTEIRO VIEW – ALOJAMENTO LOCAL (BATHALA)

Kleine, feine Zimmer/Studios mit moderner Einrichtung inkl. portugiesischem Schick. Fliesenverzierungen an den Wänden bzw. in der Küche und der Blick auf das alte Kloster machen die Unterkunft perfekt. Zentral gelegen ist es die optimale Location für Erkundungstouren.
https://pt-br.facebook.com/mosteiroview

FLAG HOTEL FATIMA – CASA DAS IRMAS DOMINICANAS (FÁTIMA)

Dieses einfache Hotel hat alles, was man braucht, und ist besonders für Familien geeignet, denn es gibt eine Spielecke und ein extra Menü für die kleinen Gäste.
https://flagworldhotels.com/hotel

THOMAR STORY GUESTHOUSE (TOMAR)

In einem Gebäude aus dem 19. Jahrhundert untergebracht und direkt am Ufer des Flusses liegt das Guesthouse. Jedes Zimmer ist individuell eingerichtet und versucht, ein wenig die Geschichte der Stadt zu erzählen.
www.thomarstory.pt

Das aus dem 14. Jahrhundert stammende Kloster Mosteiro da Batalha ist das Wahrzeichen der Stadt Batalha.

VON PILGERN UND SURFERN

Die einen leben Tradition, während sich die anderen, bis zur Haarspitze voll mit Adrenalin, in die Fluten stürzen auf der Jagd nach neuen Rekorden. Hoch oben im Ort spielt fromm der Glaube an Gott eine wichtige Rolle, unten am Strand der an sich selbst.

Beim Streifzug durch Nazaré darf man seinen Augen durchaus trauen, wenn man meint, immer wieder den gleichen älteren Herrn zu sehen. Naja, zumindest fast. Es werden verschiedene sein, doch in ihren Trachten sehen sie sich zum Verwechseln ähnlich. Diese bestehen aus weiten Hosen, gehalten durch eine sechsmal um die Hüfte geschlungene Schärpe, Hemden mit Schottenmustern und einer Zipfelmütze, die als Ersatz für die fehlenden Hosentaschen dient – so tragen die meisten auf ihrem Kopf Pfeife, Feuerzeug, Rosenkranz und Pfeifentabak unter der Mütze versteckt. Die Frauen stehen den Männern, angetan mit Spitzenblusen und bestickten Schürzen über ihren siebenlagigen Röcken, in nichts nach.

1

↑ Die typischen blauen Fliesen, die Azulejos, zieren auch in Nazaré die Fassaden.
↙ Nazaré ist berühmt für seine Wellen und zieht Surfer aus aller Welt magisch an.

Gelebte Tradition und spärlich bekleidete Wellenreiter prägen das Ortsbild in vielen Monaten des Jahres. Nazaré, einst ein ruhiges Fischerdorf, lebte und lebt noch immer vom Fischfang, der Fischereihafen befindet sich im Süden der Stadt. Bunte Fischerboote zieren die Promenade. Fisch wird hier in allen möglichen Formen und Varianten – auch getrocknet – angeboten und verkauft und sollte unbedingt genossen werden.
Bevor der Ort weltweit als Surf-Hotspot bekannt wurde, war er bei den gläubigen Portugiesen schon lange eine Top-Adresse. Im oberen Stadtteil Sítio (früher ein eigenständiges Dorf) fanden sich seit dem 19. Jahrhundert regelmäßig Pilger ein, um die dortige Marienstatue, mit schwarzem Gesicht und das Jesuskind stillend, anzubeten. Die schwarze Madonna steht in der Kirche des Santuário de Nossa Senhora de Nazaré. Bis zum Beginn des 20. Jahrhunderts war Nazaré der wichtigste Pilgerort Portugals, bis Fátima ihm den Rang ablief. Um nach oben zu gelangen, von wo aus man ganz nebenbei einen traumhaften Blick auf die Stadt und das Meer hat, kann man entweder bequem mit dem *funicular* (Standseilbahn) fahren oder die Treppe nehmen. Auch ohne Besuch der Kirche lohnt der Aufstieg. Ein Spaziergang entlang der Felskante oder durch die kleinen Gassen lassen einen das bunte Treiben am Strand aus einer anderen Perspektive genießen. Hier oben auf dem Felsplateau befindet sich auch die Kapelle Ermida de Memoria, die anlässlich eines Wunders errichtet wurde und an ebendieses erinnert. Die Jungfrau Maria soll das Pferd eines Edelmannes vor dem Absturz gerettet haben. Den »Beweis« dafür liefert der Hufabdruck, der am Miradouro do Suberco zu bestaunen ist.

Riesenwellen und Rekorde

Heute leben die meisten Bewohner im neuen Teil der Stadt, dem Bereich, der an den halbmondförmigen, langen und breiten Strand angrenzt. Dieser Stadtstrand eignet sich hervorragend für eine Abkühlung bei einem Besuch, ist aber nicht der, der Nazaré in der Welt der Surfer und damit bei den Touristen aller Herren Länder bekannt machte. Dieser ist die im Norden angrenzende Praia do Norte. Dem Umstand, dass sich hier direkt vor der Küste die größte Unterwasserschlucht Europas mit einer Tiefe von mindestens 5000 Metern und einer Länge von 230 Kilometern befindet, sind die gigantischen Wellen zu verdanken. Zwischen November und Februar, der Saison der Megawellen, tummeln sich an der Praia die besten Surfer der Welt, solche, die es noch werden wollen, und natürlich auch jede Menge Touristen.
Der Boom begann im Jahr 2011, als der Surfer Garrett McNamara es schaffte, eine fast 24 Meter hohe Welle zu reiten. Danach gab es für die Surfwelt kein Halten mehr. Jedes Jahr wird nun wieder nach Nazaré gepilgert, nur der Grund ist heute ein anderer als einst.

TIPP

PREISGÜNSTIGE MITTAGSMENÜS
Viele Lokale bieten von Montag bis Freitag ein Mittagsmenü an, meist bestehend aus drei Gängen inkl. einem Glas Wein. So günstig und gut kann man fangfrischen Fisch selten essen.

TEATRO CHABY PINHEIRO
Nazaré hat nicht nur die besten Wellen und das Heiligtum seiner Nossa Senhora de Nazaré zu bieten, sondern auch einen sehenswerten Theaterschatz. Gleich neben dem Heiligtum befindet sich das Teatro Chaby Pinheiro, das im italienischen Stil gebaut ist. Offiziell eröffnet wurde es bereits 1926 und ist definitiv eine Besichtigung wert. Genutzt wurde es einst hauptsächlich von Amateurtheatergruppen, die sich hier wie auf einer großen Bühne fühlen konnten. Heute wird der Veranstaltungsort mit 410 Sitzplätzen für Theaterstücke, Konzerte und andere Live-Auftritte genutzt.

Sand trifft auf Wellen, Wellen treffen auf Sand: Strandspaziergang in Nazaré

Für immer und ewig: die Steinfiguren des Königspaars

2

BATALHA

EINE SCHLACHT UND EIN VERSPRECHEN

Versprechen darf man nicht brechen. Zum Glück hielt sich auch ein König in der Zeit der Eroberungskriege daran, sodass die Nachwelt das Einlösen dieses Verspechens noch heute bewundern kann: das Mosteiro de Santa Maria da Victória in Batalha.

König João I. bat die Jungfrau Maria um himmlischen Beistand, bevor seine Krieger in die Schlacht von Aljubarrota zogen, um gegen Kastilien zu kämpfen. Er versprach, ihr ein Kloster zu errichten, wenn sie ihm helfen würde. Tatsächlich konnte Kastilien am 14. August 1385 besiegt und der Grundstein zur Unabhängigkeit des Königreichs Portugal gelegt werden. Der König löste sein Versprechen ein und begann im Jahr darauf mit dem Bau des Klosters. Per Urkunde wurde 1388 die Übergabe an den Dominikanerorden festgelegt. Zu Ehren des siegreichen Feldherrn Nuno Álvares Pereira wurde seine Statue vor dem Kloster aufgestellt. Bis heute finden jedes Jahr am 14. August Feierlichkeiten statt, um an diesen Sieg zu erinnern.
1983 wurde das Kloster durch die UNESCO zum Welterbe erklärt. Es gilt als Meisterwerk portugiesischer Gotik. Da sich der Bau über mehrere Regierungszeiten hinzog, vereinigt er verschiedene architektonische Stile. Die Grabkapelle des Stifters ist mit ihren bunten Fenstern sehr sehenswert. Der Ort Batalha entwickelte sich um das Kloster herum. Einige gut erhaltene Häuser aus dem 18. Jahrhundert sind bei einem Gang durch die Stadt bis heute zu bewundern. Ein Blick auf das Stadtwappen zeigt abermals die Dankbarkeit gegenüber der Jungfrau Maria, ein Abbild der Gottesmutter mit dem Jesuskind ziert die Mitte.

TIPP

HÖHLENBESUCH

Tropfsteinhöhlen gibt es in unmittelbarer Umgebung von Batahlha gleich mehrere, die einen Besuch wert sind: südlich die Grutas de Santo António und südöstlich gelegen die Grutas da Moeda.
www.sogrutas.com und www.grutasmoeda.com

3

Der Wallfahrtsort: das Santuário de Fátima

FÁTIMA

EINE ERSCHEINUNG, DIE DIE WELT VERÄNDERTE

Ein Wallfahrtsort, dessen Gebetsareal doppelt so groß ist wie der Petersplatz in Rom, eroberte die Welt der Katholiken zu Beginn des 20. Jahrhunderts. Als Teil des portugiesischen Jakobsweges pilgern die Menschen täglich und nicht nur am 13ten eines Monats hierher.

Seinen Weg in die Reiseführer dieser Welt fand Fátima vermutlich nur aufgrund der Marienerscheinung, die drei Hirtenkinder am 13. Mai im Jahr 1917 hatten und die sich in den folgenden sechs Monaten immer am 13ten wiederholte, bis am 13. Oktober ein Wunder geschah, bei dem sich die Sonne wie ein Feuerrad gedreht haben soll. Nach eingehender Prüfung durch den Vatikan befand man, dass sich dies wirklich so zugetragen hätte. Daraufhin wurde 1928 der Bau der Rosenkranzbasilika beschlossen – und dies war der Moment, in dem Fátima begann, Nazaré den Rang als wichtigster Pilgerort des Landes abzulaufen. Die Geschwister Jacinta und Francisco Marto, zwei der Hirtenkinder, wurden am 100. Jahrestag der Erscheinung (13. Mai 2017), post mortem von Papst Franziskus heiliggesprochen. Ihre Cousine Lúcia wartet noch auf die Heiligsprechung.

Die Geschichte der Stadt ist indes älter. An ihrer Entstehung sollen laut einer Legende Mauren maßgeblich beteiligt gewesen sein. Diese besagt nämlich, dass sich ein Tempelritter während der christlichen Feldzüge in die maurische Gefangene Fátima verliebte. Fátima, seine Liebe erwidernd, konvertierte und vermählte sich mit ihm. An dem Ort, der ihren Namen erhielt, soll sie ihre letzte Ruhestätte gefunden haben.

TIPP

AUFGEPASST!

Man sollte beim Besuch der Pilgerstätte keine wertvollen Sachen mit sich tragen. Vor allem an wichtigen Feiertagen wird vor Taschendiebstahl gewarnt!

HOCHBURG DER TEMPELRITTER

Wer nach Tomar fährt, für den steht der Convento do Cristo zuoberst auf der Besucherliste. Von Mauren gegründet, wurde der Ort erst durch die Templer berühmt, die siegreich kamen, sich umbenannten und blieben – und Tomar zu seiner Bekanntheit verhalfen.

Vor dem Besuch Tomars ist ein kurzer Exkurs in die Geschichte hilfreich: 1147 wurde der Ort aus den Händen der Mauren zurückerobert und zwölf Jahre später den Templern übergeben. Diese begannen, das ehemalige, bereits vorhandene Benediktinerkloster umzubauen. Als der Templerorden gegen Ende des 13. Jahrhunderts aufgelöst werden sollte, waren die Templer schlau genug, sich einfach umzubenennen. Sie gründeten den Christusorden und blieben, wo sie waren. Tomar und sein Konvent wurden zu einem wichtigen Ort, an dem sich Dichter, Denker, Politiker und Wissenschaftler trafen. Auch eine jüdische Gemeinde bildete sich nach deren Vertreibung aus Kastilien.

Im Zeichen der Templer

Bei einem Besuch orientiert man sich am besten am Rio Nabao. Links des Flusses führt ein gepflasterter Weg durch die historische Altstadt und den Berg hinauf zum Konvent. Die Templer sind in der ganzen Stadt präsent, zumindest in Form ihrer Kreuze. Diese finden sich überall da, wo Platz ist: an Geschäften, Straßenpollern und auch auf den gepflasterten Gehwegen. Oben angekommen, können das Burggelände und die Gärten des Convento do Cristo kostenfrei besichtigt werden. Wenngleich die Außenanlagen schön sind, befinden sich viele kostbare Schätze im Inneren, die Investition in den Eintritt lohnt sich. Einige Geheimnisse bewahrt sich dieser Ort indes noch auf, nicht alle Teile sind zugänglich. Lassen wir die Fantasie spielen, was sich dort noch verbergen mag.

TIPP

MUSEUM DER STREICHHOLZSCHACHTELN

In Tomars Museu dos Fosforos wird die weltweit größte Sammlung von Streichholzschachteln ausgestellt. Die gezeigten Exemplare stammen aus 125 Ländern! Mal etwas ganz anderes, zwischen all den Burgen, Kirchen und Klöstern.

↖ Der Blick über den Fluss Nabao auf die Altstadt von Tomar und im Hintergrund die Tempelritterburg
→ Das historisch bedeutenden UNESCO-Weltkulturerbe Convento do Cristo liegt in Tomar. Aus der Vogelperspektive lässt sich die grüne Landschaft erkennen.

4

WESTLICH VON LISSABON

Auf diesen knapp 200 Kilometern zeigt Portugal einen bunten Mix all dessen, was in ihm steckt: kleine lebendige Städte mit viel Geschichte, traumhafte Strände, die zum Baden und Träumen einladen, üppig grüne Wälder und raues Felsgestein, umweht von einer Brise, die schon einmal ein kräftiger Windstoß sein kann.

Gestartet wird mit einem Kaffee am Rande des Palácio National de Queluz, einer der größten Rokoko-Schlossanlagen Europas, auch das Versailles Portugals genannt, und im 18. Jahrhundert königliche Sommerresidenz. Sind die Fassaden doch ein wenig in die Jahre gekommen, so haben die Innenräume nichts von ihrer Pracht und ihrem Glanz verloren. Danach geht es über eine kleine Landstraße, gesäumt von Olivenbäumen auf der einen und einem Militärgelände auf der anderen Seite, Richtung Meer.

INFO

Start: Queluz
Ziel: Peniche
Länge: ca. 200 Kilometer
Dauer: 3–5 Tage
Beste Reisezeit: April bis Oktober

Ab da führt die N6 direkt an der Küste entlang. Den Atlantik zur Linken immer im Blick, geht es durch die Ortschaften und über unzählige Kreisverkehre Richtung Cascais. Ein Strand reiht sich an den nächsten. In Carcavelos lohnt sich ein Stopp, hier erstreckt sich zwischen der Festung Forte de São Julião da Barra und dem Felsvorsprung Quebrada ein langer Strandabschnitt, der zum Verweilen einlädt. Es befinden sich hier auch einige Surfschulen, und bei einem Strandspaziergang kann man die Surfschüler beim Üben beobachten.

Die Straße entlang der Küste verläuft im Süden Portugals und liefert einen beeindruckende Meeressicht.

Ilhas da Berlanga
Estelas
Berlenga Grande
ATLANTISCHER
OZEAN
Cabo Carvoeiro
Peniche
Fortaleza
4
Baleal
Ferrel
Atouguia da Baleia
Mestre Mendo
Serra d'El-Rei
Foz do Arelho
Lagoa de Óbidos
Nadadouro
Campo
Salir de Matos
Relvas
Benedita
Candeeiros
Gruta de Alcobertas
Mata do Rei
Alcobertas
Museu José Malhoa
Caldas da Rainha
Pousada do Castelo
Óbidos
3
Amoreira
Vau
Olho Marinho
Rio Maior
Geraldes
Praia de São Bernardino
Bufarda
Forte Pai Mogo
Rolica
São Mamede
Delgada
Carvalhal
Bombarral
Abelheira
Seixal
Areia Branca
Lourinhã
Atalaia
Casal Nova
Museu da Lourinhã
Nadrupe
Moita dos Ferreiros
Miragaia
Valle Covo
Cadaval
Serra de Montejunto
Montejunto
Vimeiro
Campelos
Ramalhal
Maxial
Praia da Formosa
Santa Cruz
A-dos-Cunhados
Silveira
Ponte do Rol
Torres Vedras
Monte Redondo
Olhalvo
Aldeia Galega da Merceana
Alenquer
Azambuja
Turcifal
Freiria
Encarnação
Ribamar
Santo Isidoro
Enxara do Bispo
Igreja de Nossa Sra. da Assunção ou Igreja Paroquial
Sobral
Arruda dos Vinhos
Vila Franca de Xira
Museu Etnográfico
Ericeira
Mafra
Mafra Palace
Malveira
Igreja Nova
Bucelas
Alverca do Ribatejo
Igreja Paroquial Sagrado Coração de Jesus
Póvoa de Santa Iria
Reserva Natural do
Estuário do Tejo
Parque Natural de Sintra-Cascais
Serra de Sintra
Palácio Real
Sintra
2
Castelo dos Mouros
Convento dos Capuchos
Colares
Cabo da Roca
1
Ponto mais Ocidental do Continente Europeu
Loures
Sacavém
Ponte Vasco da Gama
Odivelas
Amadora
Queluz
Aeroporto da Portela
Museu Calouste Gulbenkian
Knowledge Pavilion
Monsanto 228
Praça Rossio
Castelo de São Jorge
LISSABON
Mosteiro dos Jerónimos
Torre de Belém
Belem
Cristo Rei
Almada
Museu Naval
Barreiro
Montijo
Alcochete
Rio Tejo
Cabo Raso
Oitavos Dunes Quinta da Marinha
Fundação D. Luís I
Faro da Guia
Cascais
Boca do Inferno
Estoril
Oeiras
Carcavelos
Forte de São Julião da Barra
Costa do Estoril
Costa da Caparica
Trafaria
Caparica
Seixal
Moita
Samouco
5 km
N

Die Mauer der Ruine Castelo dos Mouros, die sich oberhalb der Stadt Sintra befindet

Zurück im Auto geht es entspannt weiter. Die Orte entlang der Route versprühen ihren Charme, mal muten sie etwas moderner an, mal traditionell mit fliesengezierten Häuserfassaden. In Estoril, einstiges Exil abgesetzter Monarchen und Treffpunkt diverser Spione aus dem Zweiten Weltkrieg, steht, gut sichtbar von der N6 aus, eines der größten Spielcasinos Europas. Wenige Minuten später heißt es in **1 Cascais** Zeit für einen Bummel durch die Straßen des charmanten Fischerstädtchens. Bunte Boote schaukeln im seichten Wasser, am Ufer erhebt sich die Zitadelle, und kleine hübsche Gassen entführen ins Leben der quirligen Stadt.
Am Rand von Cascais wird es langsam wilder, zumindest, was den Ozean betrifft. Nach Verlassen der N6 geht es auf der N247 weiter. Dort trifft man auf eine besondere Sehenswürdigkeit: die Felsformation Boca do Inferno, wo die Wellen bei Flut in gigantische Höhen hinaufgeschleudert werden. Man folgt dem Ruf des Meeres und bleibt auf der N247 weiter an seiner Seite. Klippen, Felsvorsprünge und kleine Haltebuchten säumen die Straße. Den Leuchtturm von Cabo Raso fest im Blick führt der Weg immer weiter zum westlichsten Punkt Europas, dem **1 Cabo da Roca**.
Ordentlich durchgepustet, führt die Route weiter über enge verschlungene Straßen durch den üppig grünen Wald des Parque Natural de Sintra-Cascais nach **2 Sintra**. Weg von der tosenden Brandung ist es wieder Zeit für Kultur. Umgeben von Pinienwäldern liegt Sintra mit seinen prunkvollen Palästen, luxuriösen Villen und den Ruinen einer maurischen Burg. Die Mischung der verschiedenen historischen Bauwerke, eingebettet in die herrliche Landschaft, macht Sintra zu einer der Top-Adressen eines Portugalurlaubs.
Der Glaube spielte in der portugiesischen Vergangenheit schon immer eine große Rolle. So verdankt Mafra, die nächste Station auf der Route, sein berühmtestes Bauwerk ebendiesem. König João V. holte sich himmlischen Beistand und versprach den Bau eines Konvents, wenn er Vater werden würde. Kurze Zeit später ging sein Wunsch in Erfüllung. 1717 begann man mit der Errichtung, und es entstand der monumentale Komplex Palácio e Convento de Mafra.
Wer mit Kindern unterwegs ist, sollte unbedingt noch einen Abstecher nach Sobreiro einplanen. Das dortige Miniaturdorf Aleida de José Franco sorgt für Abwechslung und Begeisterung bei Jung und Alt. Von dort ließe sich auch noch gut ein Badestopp im Fischerdorf Ericeira einschieben. An den schönen Stränden kann man wunderbar entspannen, und die zahlreichen empfehlenswerten Fischrestaurants sorgen für das leibliche Wohl.

Buddha und Burgen

3 Óbidos ist das nächste Ziel. Aber auch der Weg dorthin, der entlang der N8 verläuft, geizt nicht mit Reizen. Erwähnt sein soll an dieser Stelle nur der Ort Bombarral, weil das, was es hier zu sehen gibt, so gar nichts mit all den portugaltypischen Burgen, Schlössern und Klöstern zu tun hat: den Buddha Eden Garden, der zu einem Herrenhaus aus dem 15. Jahrhundert gehört. Die Quinta dos Loridos selbst ist zwar nicht zu besichtigen, der Landschaftspark aber schon. Durch das chinesische Tor führen die Spazierwege zu Buddhafiguren und Statuen indischer Gottheiten, an einem Teil der berühmten Terrakotta-Armee vorbei zur Himmelstreppe, deren Beginn zwei goldene Buddhas markieren.
Nur wenige Kilometer sind es bis Óbidos, der Stadt wie aus einem Märchen. Über ihr liegt ein gewisser Zauber, der sich schwer in Worte fassen lässt. Die »Bücherstadt« wird sie auch genannt. Anreisende werden zunächst von einem Aquädukt empfangen. Das Auto stellt man am besten zu Füßen der Stadt ab und folgt dem Besucherstrom durch ein altes Stadttor hinein in die Gassen mit ihren weißen Häusern und blauen und gelben Rahmen, geziert von Blumen. Dann folgt man den Hinweisschildern Richtung Burg und genießt den Tag.

Zurück ans Meer

Noch ganz beseelt von Óbidos' Flair geht es zur Halbinsel **4 Peniche**. Hier pfeift der Wind, und es wird wieder frisch um die Nase, ein Fischgeruch liegt in der Luft, und Felsen ragen auf. Peniche eignet sich hervorragend zum Spazierengehen entlang der felsigen Küste. Wasserlöcher und Vorsprünge lassen den Atlantik tosend erklingen – ein traumhafter Abschluss einer wunderbaren Route.

RESTAURANTS / ÜBERNACHTUNGEN

EINKEHREN

DOM PEDRO I (CASCAIS)
Ob gemütlich im Schatten der Bäume im Innenhof oder im Innenbereich mit seinen blau-weißen Fliesen, hier sitzt man gut und bekommt dazu noch hervorragende portugiesische Küche zu einem günstigen Preis. Auch Vegetarier kommen hier voll auf ihre Kosten.
www.dompedrocascais.com

SABORES DE SINTRA (SINTRA)
Beim Betreten des Sabores de Sintra fühlt man sich wie zu Hause. Es ist gemütlich, ein Kamin wärmt den Speisesaal, wenn es draußen kühl ist, und die Liebe zum Detail und zu portugiesischer Tradition verzaubert sofort. Das Essen und die Weine lassen keine Wünsche offen. Am besten vorher reservieren.
https://saboresdesintra.pt

TASCA TORTA (ÓBIDOS)
Von traditionell herzhaft bis zuckersüß, hier kommen alle Geschmacksknospen zum Einsatz. Das Lokal ist gemütlich, bietet einen tollen Service und ist eine Genusspause wert. Die Auswahl ist klein, aber die Gerichte überzeugen.
www.facebook.com/people/Tasca-Torta/100063732331569

PROFRESCO PEIXARIA & RESTAURANTE (PENICHE)
Zwischen alle den Fabrikgebäuden fast zu übersehen, geht es durch das Fischgeschäft ins Restaurant. Fisch und Meeresfrüchte sind fangfrisch und lecker, hier treffen sich Einheimische und Touristen gleichermaßen. Und die Desserts sind auch nicht zu verachten.
https://profresco.wixsite.com/profresco

ÜBERNACHTEN

PARQUE DE CAMPISMO ORBITUR GUINCHO (GUINCHO/CASCAIS)
Ob mit dem Camper auf einem der Stellplätze oder in einer der gemieteten Hütten: Zwischen Cascais und Cabo da Roca gelegen, das Meer im Blick, ist der Camingplatz der optimale Ort, wenn man der Stadt und dem Meer gleichermaßen nah sein möchte.
www.orbitur.pt/pt/destinos/regiao-lisboa/orbitur-guincho

SINTRA 1012 BOUTIQUE GUEST HOUSE (SINTRA)
Das wunderbare Bed & Breakfast ist sauber, gemütlich und hat stilvolle Zimmer. Es lässt auch beim Frühstück keine Wünsche offen und bietet überdies einen Extraservice: Gäste, die mit dem Auto kommen, werden vor der Anreise informiert, wo sie den Wagen abstellen können – denn Parken ist in Sintra nicht ganz einfach.
www.sintra1012.com

POUSADA DO CASTELO DE ÓBIDOS (ÓBIDOS)
Einmal schlafen wie die Könige, das geht im ehemaligen Schloss. Es ist exquisit und nobel, und nur als Gast hat man die Möglichkeit, auch das Innere zu sehen.
www.pousadas.pt/pt/hotel/pousada-obidos

WEST SIDE GUESTHOUSE (PENICHE)
Nur zwei Minuten von den Klippen entfernt, kann man den Atlantik manchmal noch tosen hören. Der Gastgeber ist überaus nett und gibt jede Menge Tipps, wenn man will. Die Zimmer sind groß, sauber und modern eingerichtet.
https://west-side-guesthouse.centro-portugal-hotels.com/de

Hübscher Blickfang: Das typisch farbenfrohe Fischerboot liegt im historischen Fischerdorf Ericeira.

1

CHARME UND URGEWALTEN

Vor der Haustür erstrecken sich schöne Strände, eingerahmt von stilvollen Villen und Herrenhäusern, im Kern hat sich das alte Flair bewahrt: Das ehemalige Fischerdorf Cascais ist eines der schönsten Ziele unweit der Hauptstadt.

Schon vor mehr als 200 Jahren zog es die wohlhabenden Portugiesen an die Strände von Cascais. Seither hat das Städtchen nichts von seinem Charme und seiner Anziehungskraft verloren und ist heute noch der perfekte Urlaubsort. Hier erwarten den Besucher nicht die klassischen historischen Bauten aus längst vergangenen Zeiten, vielmehr lädt Cascais zu einem Streifzug durch seine Gassen ein, die von farbenfrohen Häusern und bunt bepflanzten Balkonen gesäumt werden. Man flaniert an kleinen Boutiquen und charmanten Cáfes vorbei zum Hafen, wo kleine Fischerboote auf dem Wasser schaukeln. Wer sich ein Plätzchen an einem der Stadtstrände sucht, kann die Fischer dabei beobachten, wie sie ihren Fang einholen oder die Netze flicken, während über den Köpfen die Möwen kreischend ihre Runde drehen. Immer wieder zieren Azulejos die Häuserwände, und selbst die Straßenschilder sind aus Fliesen.

Am Rand der Stadt ist es mit der Ruhe vorbei. Unerbittlich donnert der Atlantik an der Boca do Inferno gegen die Klippen und türmt sich weiß schäumend zu mächtigen Wellen auf, die sich so laut tosend an den Felsen brechen, dass einem der Atem stockt. Etwas weiter locken weitläufige Strände wie die Praia do Guincho, umgeben von Pinienwäldern. Unvollständig wäre der Besuch, ohne den Ausblick auf die Weiten des Meeres vom westlichsten Punkt des europäischen Festlandes, dem Cabo da Roca, aus genossen zu haben. Rund 140 Meter steht man über dem rauschenden Meer. Der Wind bläst kräftig, die Wellen schlagen hoch, und die Gischt erfrischt schon mal das Gesicht.

← Ein malerischer Ausblick über die Festung Forte de Santa Marta und den Leuchtturm, der die nördliche Barriere der Lissaboner Hafeneinfahrt markiert
↗ Das Monumento aos Descobrimentos Portugueses in Cascais feiert viele Jahre portugiesischer Entdeckungen.

TIPP

KLIPPENWANDERUNG

Eine Wanderung entlang der Steilklippen mit unvergesslichen Ausblicken und beeindruckenden Felsformationen sind ein Muss, wenn man hier ist. Die beiden Buchten Praia da Ursa und Praia da Adraga entfalten erst bei Ankunft ihre wahre Schönheit.

KULTUR IN DER NATUR

Sintra und seine Umgebung sind eine perfekte Symbiose aus Kultur und Natur. Was der Mensch hier geschaffen hat, fügt sich wie selbstverständlich in die natürliche Umgebung ein. Die Magie des Ortes scheint greifbar, und die Vielzahl ihrer beeindruckenden Sehenswürdigkeiten raubt den Atem.

Eines sei vorweg gesagt: Sintra mit all seinen Sehenswürdigkeiten zu erkunden, bedarf optimalerweise mehr als einen Tag! Ausgeschlafen, gut gestärkt und mit bequemen Schuhen hat man dennoch gute Chancen, selbst nur an einem Tag viele Eindrücke aufzusaugen.
Der ideale Ausgangs- und Orientierungspunkt für einen Besuch Sintras ist der Hauptplatz, auf dem auch der Palácio da Vila, besser bekannt als Palácio National de Sintra, steht. Sein Markenzeichen, die zwei kegelförmigen Schornsteine, helfen auch, um immer wieder zurück ins Zentrum zu finden. Baubeginn war im 14. Jahrhundert, stetig wurde der Palast erweitert und angepasst, und so lassen sich heute Spuren verschiedener Epochen entdecken. Eines war aber zu allen Zeiten gleich: Er diente als Sommerresidenz für die Könige und ihre Familien, wenn es ihnen in Lissabon während der warmen Monate zu heiß wurde. Jeder der Säle erzählt seine eigene Geschichte. Wer sich für Fliesenkunst interessiert, der kann sich nach einer Besichtigung des Palácio

2

den Besuch im Fliesenmuseum von Lissabon fast sparen. Denn seit man die Fliesen als Wandschmuck entdeckt hatte, wurden sie hier angebracht, und so gibt es ein ganzes Potpourri an Fliesen veschiedenster Zeiträume zu sehen. Schlendert man vom Platz aus durch das historische Ortszentrum, so entdeckt man weitere Herrenhäuser, Villen, kleinere Paläste und Museen. Das alte Schloss Quinta da Regaleira mit seinen unterirdischen Gängen, seiner Kapelle, einem Museum und einem märchenhaft anmutenden Schlossgarten sollte definitiv besichtigt werden. Allein die Gartenanlage sorgt für viele Überraschungen: Hier gibt es Grotten, Höhlen, Wasserfälle und teils seltene Pflanzen. Tatsächlich kommt man besser für die Besichtigung des Gartens hierher als für einen Besuch der Innenräume, zählt die Gartenanlage doch zu den eindrucksvollsten Europas.
Aus dem Garten in den Bus: Die Touristenlinie 434 bringt den wissbegierigen Besucher zum nächsten Programmpunkt, dem Castelo dos Mouros. Wie so oft in Portugal waren die Mauren vor allen anderen an Ort und Stelle, und dies war ihre Burg. Allein für den Blick auf die Stadt und bis zum Meer lohnt sich der steile Aufstieg zur Ruine.

Das Schloss der Schlösser

Vom Castelo dos Mouros sind es gut 15 Minuten zu Fuß oder nur ein paar wenige mit dem Bus zu *dem* Schloss – Palácio National da Pena. Im ersten Augenblick wirkt es wie die Kulisse zu einem neuen Disneyfilm oder, wie manche auch sagen, »Neuschwanstein der Pop Art«. Die romantische Ausstrahlung des Gebäudes ist vom ersten Moment an spürbar. Bevor es ein Schloss wurde, war es ein Kloster, das im 16. Jahrhundert hier oben auf dem Hügel erbaut wurde. 1840 begann Ferdinand von Sachsen-Coburg Gotha, das Kloster für seine Frau Maria II. zu einem Schloss umbauen zu lassen. 1854 übergaben die Bauherren das Schloss, und es wurde bis 1910 als königliche Residenz genutzt. Die Innenräume halten, was das äußere Erscheinungsbild verspricht: Vielfalt und einen bunten Mix verschiedener Stilrichtungen, von maurischen Möbeln bis hin zu barocken Gegenständen. Die das Schloss umgebende Parkanlage ist ebenfalls überaus sehenswert und lädt zu einem Spaziergang ein.
Voller Eindrücke und vermutlich nicht in der Lage, noch mehr aufzunehmen, ist es nun an der Zeit für die portugiesische »Teatime«. Schnell an einer der Bäckereien gestoppt, in der Hoffnung, noch eine *queijada* (Käseküchlein) oder ein *travesseiro* (Blätterteiggebäck) zu ergattern. Dazu einen Kaffee oder eine Tasse Tee, und schon hat man ein typisch portugiesisches Nachmittagsgedeck.

↑ Die Brunnen der Einweihung sind eigentlich keine Brunnen, sondern umgekehrte Türme, die in den Boden ragen.
↙ Der Nationalpalast Pena befindet sich in der Serra de Sintra. Mit seiner gelben Fassade verliert er auch bei schlechtem Wetter nicht an majestätischer Wirkung.

TIPP

PARKEN
Autos sollte man unbedingt an den ausgewiesenen Parkplätzen stehen lassen – diese kosten kein bis wenig Geld. Zu den Sehenswürdigkeiten dann zu Fuß gehen und den Bus nehmen!

FÜHRUNG DURCH SINTRA
Wer sich beim Besuch Sintras auf das Wesentliche konzentrieren möchte, ohne etwas Wichtiges auszulassen, ist mit einer geführten Tour gut beraten, denn in Sintra verliert man bei der Fülle an Sehenswürdigkeiten sonst gerne das Zeitgefühl.

SINTRA-FESTIVAL
Von Sommer bis Herbst finden im Rahmen des Sintra-Festivals Konzerte und Ballettaufführungen statt, was vor der herrlichen Kulisse doppelt schön ist.
https://festivaldesintra.pt/en

3

Bunte Wandmalereien und Fliesenschmuck in Óbidos

ÓBIDOS

EINE MAUER ZUM SCHUTZ DES SCHÖNEN

Eine Stadt, ganz umgeben von einer Mauer: Schon von Weitem strahlt Óbidos in makellosem Weiß hinter den Mauern hervor. Einst gehörte sie allein den portugiesischen Königinnen, heute begeistert die Stadt jeden, der sie besuchen kommt.

Óbidos beeindruckt schon bei der Anreise. Umschlossen von der alten Festungsmauer schmiegt sich das Städtchen dicht an den Berg. Den Parkplatz ansteuernd, wird man zum ersten Mal überrascht: Das eindrucksvolle Aquädukt lenkt mit seiner Größe doch für einen Moment vom eigentlichen Ziel ab.

Kurze Zeit später geht es durch das alte Stadttor, und was von außen unscheinbar wirkt, verblüfft nur Sekunden später. Im Tor versteckt findet sich eine Kapelle. Azulejos zieren die Wände, und gern einmal stehen hier Musiker und unterhalten die Spaziergänger, denn der Klang ist wunderbar.

Direkt dahinter schließt die Rua Direita, die Hauptgasse, an. Weiße Häuser mit blauen und gelben Rahmen säumen die Straße. Bunte Farbtupfer geben die Blumen. Kleine Läden laden zum Stöbern ein. Für etwas mehr Ruhe am besten einfach mal von der Hauptgasse abbiegen. Zurück auf der Rua Direita steuert man auf die Igreja de São Tiago zu – eine Kirche von außen, aber eine Buchhandlung im Inneren. Und dann wären da noch die Burg und die Stadtmauer. Die Festung selbst ist nur von außen zu betrachten, es sei denn, man ist Gast des Hotels, als das sie heute fungiert. Nun steht noch der Gang auf der Stadtmauer aus. Rund eine Stunde dauert er, und am Ende gibt es eine Ginja (Kirschlikör) im Schokobecher, ohne die ein Besuch in Óbidos nicht vollständig wäre.

TIPP

BESTE BESUCHSZEIT

Wer in der Hauptsaison unterwegs ist, sollte am besten gleich am frühen Morgen oder am späten Nachmittag kommen. Auch Montage sind günstig, da haben die Museen zwar geschlossen, dafür lassen sich die Straßen weniger gefüllt genießen.

4

Peniche bietet spektakuläre Felsen und weite Blicke aufs Meer.

PENICHE

NATUR STATT KULTUR

Peniche steht für Meer, und das Meer hat Peniche zu dem gemacht, was es heute ist. Bizarre Felsformationen, Strände, die zum Surfen einladen, und Fischfang sind die wohl treffendste Beschreibung der Stadt.

Die Stadt, auf einer Halbinsel gelegen, ist der ideale Ort, wenn man Kultur mal hinter sich lassen möchte. Hier gibt es Felsen, Spazierwege entlang des Wassers, ein paar Strände und eine stetige Brise. Anstelle von Besichtigungstouren unternimmt man Wanderungen.
Oben auf den Felsen ist man sicher vor den tosenden Fluten. Weiter draußen lassen sich von hier Wellen der Extraklasse beobachten. Während Familien für ein wenig Erholung am Strand hierherkommen, tun es die Surfer und Bodyboarder aus ganz anderen Gründen. Die Strände der Westküste bieten hier ideale Bedingungen. Ihre großen röhrenförmigen Wellen sind weltweit als »Supertubos« bekannt.
Ganz ohne Kultur geht es dann aber doch nicht, wenngleich kaum einer deswegen den Ort ansteuert. Peniche hat selbstverständlich ein historisches Zentrum, es gibt zwei Kirchen, ein Sanktuarium und eine Festung. Letztere spielte auch in der jüngsten Geschichte eine Rolle. Während der Salazar-Diktatur diente das Forte de Peniche als politisches Gefängnis. Heute dient die Festung als Museum (Museu Municipal) und erzählt von den Ereignissen jener Zeiten.
Fisch ist und war für Peniche immer ein Thema. Er landet nicht nur lecker zubereitet auf den Tellern, sondern ist auch eine sichere und wichtige Einnahmequelle. Immerhin gehört der Fischereihafen zu den größten des Landes.

TIPP

TAUCHSPOT
Peniche eignet sich nicht nur zum Surfen, sondern ist darüber hinaus der ideale Ausgangspunkt, um zum Tauchgebiet der Berlengas, der Peniche vorgelagerten Inselgruppe, zu kommen. Im Hafen von Peniche findet man alles, was es dazu braucht.

Ein Angler auf den Klippen im goldenen Lichtschein der Sonne, der hohen Brandung zugewandt

TRUBELIGE HAUPTSTADT UND LÄNDLICHE RUHE

Die quirlige Hauptstadt, die täglich den Spagat zwischen Vergangenheit und Moderne übt, bedarf eines längeren Aufenthalts. Vor den Toren der Stadt wartet weitere Kultur, aber auch Ruhe und Erholung in der Natur sowie die schönsten Strände des Landes. Aus dem Wasser geht es zur Knochenkapelle und zum prächtigsten Sternenhimmel Portugals.

Wer einmal nach 1 **Lissabon** reist, kommt immer wieder. Portugals Hauptstadt ist lebhaft, nicht zu groß und nicht zu laut. Sie ist schön und von altmodischem Charme, zeigt sich an manchen Ecken auch modern und nüchtern, an anderen vom Alter gezeichnet und weniger hübsch, aber stets faszinierend.

INFO

Start: Lissabon
Ziel: Alqueva (Stausee)
Länge: ca. 230 bis 250 Kilometer
Dauer: 4–7 Tage
Beste Reisezeit: April bis Oktober

Die Stadt begeistert Kulturfreunde mit ihrem reichen Erbe und erzählt Geschichtsinteressierten von den Zeiten, als noch die Könige im Land regierten oder als die Entdecker aufbrachen, um ferne Welten zu erkunden.
Gigantische Brückenbauten verbinden die Uferseiten des Tejo, es gibt unzählige

Gemütliches Treiben am Abend auf dem Rossio-Platz in Lissabon

Museen, Parks, Plätze, Klöster, eine Burg, einen Palast, einen Turm und die berühmte gelbe Straßenbahn – und dies ist längst noch nicht alles, was die Stadt zu bieten hat.

Von der Metropole auf die Halbinsel

Auf mindestens zwei bis drei Tage Metropole folgen dann Erholung und Natur, nur ein bisschen Kultur und ganz viel Strand und Wasser. Über die A2, die eindrucksvolle Hängebrücke Ponte de 25 de Abril inklusive, und die N378 geht es auf die Halbinsel Península de Sétubal und dort zuerst nach **2 Sesimbra.** Je nach Verkehr dauert die Fahrt 45 bis 60 Minuten. Angekommen im Fischerort, obliegt es jedem selbst, ob die Burg, Forte de Santiago de Sesimbra, erster Anlaufpunkt ist oder man sich gleich dem maritimen Leben widmet: Zu Füßen der Festung erstreckt sich ein Strand, der Fischerhafen bietet Bootstouren an, und auch für Taucher und Sportangler ist in Sesimbra alles vorhanden, was sie brauchen, um ihrer Leidenschaft nachzugehen. Westlich und nordwestlich reihen sich weitere Strände aneinander, dort findet jeder seinen

Immer das Meer im Blick: unterwegs auf Portugals Küstenstraßen

Lieblingsstrand, auch Strandhopping ist eine Option. Die Strände liegen landschaftlich reizvoll zwischen Meer und Pinienwäldern. Für einen Spaziergang eignet sich die geschützte Küstenebene Paisagem Protegida da Arriba Fóssil da Costa de Caparica. Die Wege schlängeln sich durch den Pinienwald, und am Abend bietet sich ein herrlicher Blick auf den Sonnenuntergang.
Hat man genug Sonne getankt und das Strandleben hinreichend genossen, geht es weiter ins nahe gelegene **3 Setúbal**. Auf dem Weg über die N379 und N10 streift man den Parque Natural da Arrábida, dieser lohnt sich für einen Stopp. Am Nordrand des Parks lädt der Ort Palmela, im Weinanbaugebiet Azeitão gelegen, nach dem Besuch seiner Ritterburg auf ein gutes Glas Wein ein. Der Küstennaturpark selbst wartet mit Kreidefelsen, Fledermaushöhlen, einer Bergkette, Festungen und Ausblicken bis nach Lissabon auf.
In Setúbal angekommen, lohnt es sich, die hübsche Altstadt der Industrie- und Hafenstadt zu besichtigen. Reich geworden zur Zeit der Entdeckungsfahrten, finden sich noch heute sehr viele eindrucksvolle Gebäude. Setúbal hat eine schöne Uferpromenade und erfreut mit seinem einladenden und gepflegten Erscheinungsbild. An der Mündung des Sado gelegen, ist die Stadt seit dem 14. Jahrhundert eine wichtige Adresse für die Schifffahrt. Ein solche sollte im Frühjahr oder Sommer eingeplant werden, denn dann stechen die Boote zur Delfinbeobachtung in See.

Der nächste Streckenabschnitt ist mit gut 100 Kilometern etwas länger. Wer ein wenig schneller vorankommen möchte, kombiniert die Landstraße mit der Autobahn A6. Mit mehr Zeit im Gepäck bleibt man auf den Land- bzw. Bundesstraßen, muss aber mit mehr Ablenkung am Wegesrand rechnen, die zum Anhalten verlockt.
Hat man auf der N4 Montemor-o-Novo erreicht, setzt man die Fahrt auf ebendieser Richtung Arraiolos fort. Über dem Ort thront eine kleine Burg, Castelo de Arraiolos, mit einer gut erhaltenen Mauer. Das bekannteste Erbe der Kleinstadt hat sie den Mauren zu verdanken. Als diese aus Lissabon vertrieben wurden, ließen sie sich hier nieder und führten ihr Handwerk weiter. Bestickte Wollteppiche aus Arraiolos sind auch heute noch ihr Markenzeichen. Ungefähr zwei Kilometer südlich der Stadt gibt es noch eine Magalithenanlage, Anta da Vila de Arraiolos, zu besichtigen.

Weltkulturerbe und Stausee

Die nächste Station ist **4 Évora**. Dort angekommen, stellt man das Auto unbedingt außerhalb der Stadtmauern ab und geht den Rest zu Fuß. Évora ist Erzbistum und Universitätsstadt und hat zudem seit 1986 UNESCO-Weltkulturerbestatus. Die Stadt blickt auf eine lange Geschichte zurück und gilt deswegen auch als »offenes Buch« für portugiesische Kunstgeschichte. Évora beeindruckt mit Tempelresten aus dem 3./2. Jahrhundert v. Chr., maurisch beeinflusster Architektur, mittelalterlichen Mauerresten, christlichen Kirchen, Zeugnissen der jüdischen Vergangenheit und ganz viel Manuelismus und bezaubert darüber hinaus mit studentischem Charme. Selbst eine skurrile Seite hat die Stadt, wie sie mit ihrer Knochenkapelle eindrucksvoll zeigt. Ihrer Lage im Alentejo verdankt sie die schmackhafte regionaltypische Küche und selbstverständlich guten Wein. Évora ist eine Stadt, die von Anfang an überzeugt.
Nach Kulturgenuss und gutem Essen geht es weiter nach **5 Alqueva**, bekannt geworden durch seinen Stausee. Dieser wurde angelegt, um die überwiegend trockene Region Alentejo zu bewässern. Ein Dorf und einige Olivenhaine mussten weichen, doch dafür ist ein Ausflugsziel der Extraklasse entstanden. Überreste aus vergangenen Tagen lassen sich in der näheren Umgebung bewundern, aber auch der Stausee und seine Ufer laden zum Erkunden und Verweilen ein. Wassersportler und solche, die es noch werden wollen, kommen hier voll auf ihre Kosten. Ein Boot ausleihen und los geht's – es lohnt sich. Und des Nachts, wenn der Mond am höchsten steht und die Wolken sich verabschiedet haben, dann zeigt sich das Himmelszelt von seiner funkelnden Seite.

RESTAURANTS / ÜBERNACHTUNGEN

EINKEHREN

TABERNA BAIROO DO AVILLEZ (LISSABON)
Eine Mischung aus Restaurant und Metzgerei mit traditionellen Leckerbissen im Angebot. Der Schinken hängt von der Decke, das Ambiente ist hell und freundlich. Es empfiehlt sich, einen Tisch zu reservieren, denn die Taberna sieht nicht nur einladend aus, sondern ist auch meist gut besucht.
www.bairrodoavillez.pt/

A RATOEIRA (SETÚBAL)
Meeresfrüchteparadies beschreibt das Lokal in einem Wort. Große Auswahl, geschmacklich auf den Punkt, die Weine dazu selbstverständlich aus Portugal, und die Desserts stehen den Meerestieren in nichts nach.

CAFÉ ALENTEJO (ÉVORA)
Regionale Küche aus regionalen Produkten auf höchstem Niveau. Der Hauswein passt perfekt, und das Personal ist einmalig. Wer sich nicht entscheiden kann, darf sich gern auf die Empfehlungen des Hauses verlassen (gerade bei den Desserts), schwarzes Schwein ist ein Highlight, und hungrig muss man kommen, damit man Vor-, Haupt- und Nachspeise auch genießen kann.
https://restaurantecafealentejo.com

RESTAURANTE PRAIA DE ALQUEVA (STAUSEE)
Besser geht es nicht: Man sitzt direkt am Seeufer im Schatten auf der Terasse und genießt den herrlichen Blick auf das Wasser. Auf den Tisch kommen herzhafte Tapasplatten mit den Köstlichkeiten der Region (Käse/Wurst) oder deftige Eintöpfe, dazu ein erfrischendes Getränk, und der Tag am See ist perfekt.
https://pt-pt.facebook.com/people/Alqueva-Bar-Restaurante/100076000157626

ÜBERNACHTEN

THE FELIX 10 (LISSABON)
Das Boutique Hotel liegt etwas außerhalb des Zentrums. Die Zimmer sind fantastisch und der Blick von der Dachterrasse toll. Es ist nicht die günstigste Bleibe, aber dafür gibt es Parkmöglichkeiten!
www.thefelix10.com

SANA SESIMBRA (SESIMBRA)
Dieses großzügige Hotel direkt am Wasser bietet nicht nur geräumige Zimmer, sondern hat auch einen Pool auf der Terrasse mit Meerblick. Und wer zuerst beim Frühstück ist, bekommt auch den Platz am Fenster mit Meerblick.
www.sanahotels.com/de/hotel/sana-sesimbra

OLD ÉVORA HOSTEL (ÉVORA)
Sehr zentral, sehr sauber und gemütlich. Das Hostel hat auch Zimmer mit eigenem Bad. Wer nur zum Schlafen kommt, hat hier alles, was er braucht.
www.hoteisdirect.com/old-evora-hostel

HAUSBOOT AUF DEM ALQUEVA-STAUSEE
Auf dem Wasser unter dem funkelnden Sternenhimmel – das ist Freiheit und Genuss pur. Dafür braucht es lediglich ein Hausboot, das man hier mieten kann.
www.amieiramarina.com

Die portugiesische Küche hat einiges zu bieten.

ZWISCHEN VERGANGENHEIT UND MODERNE

Lebhaft, charismatisch und beeindruckend, so präsentiert sich Portugals Hauptstadt. Der Spagat zwischen dem Erhalt traditionellen Erbes und dem Fortschritt der Moderne gelingt ihr mit Bravour. Auf sieben Hügeln gebaut, heißt die Stadt der Seefahrer und Könige ihre Besucher willkommen.

Lissabon nur einen Besichtigungstag zu widmen, würde seiner Vielfalt nicht gerecht. Zwei, besser drei Tage sollten eingeplant werden. Die Stadt lässt sich zu Fuß, kombiniert mit den Aufzügen und Standseilbahnen zwischen Ober- und Unterstadt, entspannt erkunden. Eine Fahrt mit der Tramlinie 28 kommt einer Stadtrundfahrt gleich, ist ein Erlebnis, das irgendwie dazugehört, aber eben auch sehr beliebt. Daher ist die Tram fast immer voll. Sich dessen bewusst, wird es dennoch ein Vergnügen.
Lissabons Stadtteile und verschiedene Viertel machen die Stadt aus, und jedes hat eine eigene Geschichte zu erzählen, wenngleich es immer wieder verbindende Momente gibt.

1

Amalfa ist das älteste Stadtviertel Lissabons, der Ort bzw. der Hügel, auf dem alles begann. Hoch oben über der Stadt thront das Castelo de São Jorge, der höchste Punkt mit einem fantastischen Blick auf Lissabon und den Tejo. Amalfa liegt zwischen Burg und Tejo. Die Mauren waren es, die die Burg errichteten und sich hier ansiedelten, bis die Stadt 1147 erobert und die Mauren zurückgedrängt wurden.
Ein Gang durch das Labyrinth aus engen Gassen und Straßen mit ihren weißen Häusern und Innenhöfen gehört dazu, ebenso wie sich mindestens einmal in ihnen zu verlaufen. Aber das macht nichts, denn es ist ein schöner Ort dazu. An den Häusern finden sich kleine Fliesenbilder, welche die Frömmigkeit ihrer einstigen Bewohner bezeugen und zum Schutz des Viertels dienten. Einst das Herz der Stadt, verlor Amalfa im Mittelalter an Bedeutung. Bald wurde es zum Zuhause armer Fischer und Hafenarbeiter. Sie waren es, die in den Seemannskneipen von Amalfa den Fado erfanden.

Die Seele der Stadt

Vielleicht lag es an den Fliesen, vielleicht auch an der erhöhten Lage – das Erdbeben von 1755 konnte dem Stadtviertel jedenfalls wenig anhaben, während der Rest Lissabons in Schutt und Asche fiel. Schicksal oder nicht, Amalfa hat sich gehalten und zu neuem Glanz gefunden. Von seiner rauen Zeit als Viertel der Seefahrer und Armeleutequartier ist nicht mehr viel zu sehen, und hier schlägt heute wieder das Herz der Stadt. Hier findet man alteingesessene Familien, Künstler und gute Lokale ebenso wie einige wichtige historische Gebäude und Museen. Darunter das Museu do Fado, die Igreja de Santo António und die romanische Kirche Sé Catedral, die Kathedrale von Lissabon, die zur Erinnerung an den Sieg über die Mauren am Platz der alten Moschee gebaut wurde. Für einen tollen Blick auf Amalfa darf ein Aussichtspunkt nicht fehlen: der Miradouro de Santa Luzia. Nicht nur der Blick, vor allem bei Sonnenuntergang, ist hier toll, sondern auch das Flair. Hier treffen sich nicht nur Touristen, sondern auch Künstler und die Jugend der Stadt. Ein altes Kloster, Mosteiro de São Vicente de Fora, die Feira da Lada – Markt der Diebin –, eine Mischung aus Floh- und Wochenmarkt, der jeden Dienstag und Samstag stattfindet, und das Panteão Nacional seien noch erwähnt. Amalfa hält noch mehr an Sehenswertem bereit, doch vor allem bietet es Atmospähre und Charme und ist die Seele der Stadt.

← Der Mondschein im Morgengrauen über der 3,2 km langen Brücke Ponte 25 de Abril. Während die Stadt erwacht, sind bereits die ersten Boote auf dem Tejo unterwegs.
↗ Das Puddingtörtchen Pasteis de Nata war für die Mönche und Nonnen im Hieronymuskloster ein tägliches Mahl.

Belém – das Tor zur Welt

Lissabons altes Hafenviertel war zur Zeit der Entdeckungs- und Eroberungsfahrten das Tor zur Welt, denn von hier aus wurde in See gestochen. Belém gehört zu den kleineren Stadtvierteln und erfreut sich dennoch großer Beliebtheit. Die drei schlagendsten Argumente für einen Besuch sind: das Hieronymuskloster, die Torre de Belém und eine süße Sünde – Pastéis de Belém.
Zur Zeit der Entdeckungen war Belém einfach ein Viertel mit einem sehr belebten Hafen. Hier stach man in See und schipperte zurück in den Hafen, nicht ohne in der kleinen Kapelle der hl. Maria um göttlichen Schutz gebeten zu haben. Das, was es heute für viele ausmacht, hat es vor allem König Mauel I. zu verdanken: seine wichtigsten Baudenkmäler. So gab Mauel I., kurz nachdem Vasco da Gama den Seeweg nach Indien entdeckte (1498), das Mosteiro dos Jerónimos in Auftrag (1501) – immerhin zu fünf Prozent finanziert aus dem, was der Handel mit den Gewürzen und

Edelsteinen von dort eingebracht hatte. Er ließ es an dem Ort erbauen, wo einst die Seefahrer zur hl. Maria beteten. Ganz klar erscheint es im Manuelinischen Stil, dem Baustil des Königs. Die für ihn typischen Merkmale lassen sich leicht erkennen, darunter die charakteristischen Motive wie Taue, Meerestiere oder Pflanzen. In der Nähe des Klosters finden sich heute das Planetário de Marinha, der Jardim Botânico Tropical und das Centro Cultural de Belém, untergebracht in einem modernen Bau. Kurz nach dem Bau des Klosters wurde der Auftrag für die Torre de Belém vergeben. Heute ist der Turm eines der Wahrzeichen der Stadt, mit einer Höhe von 35 Metern steht er am Ufer des Tejo, selbstverständlich im Stil des Königs errichtet. Ebenso wie das östlich von hier gelegene Amalfa konnte das schwere Erdbeben des 18. Jh. Belém und seinen Bauwerken nichts anhaben, und so sind sie für die Nachwelt erhalten geblieben.

Belém hat aber noch mehr zu bieten. Autonarren sollten unbedingt einen Blick ins Nationale Automuseum werfen, ein Spaziergang am Tejo oder durch eine der Parkanlagen gehört ebenfalls dazu. Dem aufmerksamen Besucher werden auch nicht die Namen der Straßen rechts und links der Bahnschienen entgehen, die nach den größten Entdeckungen Indien und Brasilien benannt sind. Und natürlich gibt es noch einen weiteren Grund, Belém zu besuchen: die Pastéis de Belém. Von außen betrachtet gleichen sie den Pastéis de Nata, der traditionellen portugiesischen Süßspeise mit cremiger Puddingfüllung, aber den Unterschied macht der Geschmack. Das Rezept ist seit dem 18. Jahrhundert ein gut gehütetes Geheimnis, also unbedingt probieren.

Baixa – die Unterstadt

Vom Ufer des Tejo kommend, erstreckt sich Baixa zwischen den Vierteln Alfama und Chiado Richtung Stadtmitte. Und eines fällt gleich auf: Es gibt keine verwinkelten Gassen. Hier sind die Straßen schnurgerade und geometrisch angeordnet, die Häuser haben elegante Fassaden, die ohne viel Schnickschnack auskommen, ja fast nüchtern, aber dennoch stilvoll und elegant wirken. Dem besagten Erdbeben zum Opfer gefallen, wurde das Viertel nach den Vorstellungen des Staatsmannes Marquês de Pombal (Sebastião José de Carvalho e Melo) neu aufgebaut. Neben der geradlinigen Straßenführung zeichnen auch großflächig angelegte Plätze das Bild, und noch etwas war ihm wichtig: Erdbebensicher sollte es sein, daher wurde beim Bau darauf geachtet, die Häuser zu verstärken. Der wohl imposanteste Platz ist die Praça do Comércio. Dieser ist nur auf drei Seiten bebaut und zum Fluss hin offen. Schreitet man durch seinen Triumphbogen, so landet man direkt auf der Hauptschlagader Baixas. Die Rua Augusta ist die Flaniermeile, ein Geschäft reiht sich an das nächste. Hier fallen die vielen Cafés und Restaurants ins Auge, und natürlich, nicht zu vergessen, die schwarz-weiß gemusterte Straßenpflasterung. Zwischen Praça do Comércio und Rossio (Praça de D. Pedro IV.) verläuft die Rua Augusta als Fußgängerzone, was einen Bummel noch charmanter macht. Komplettiert wird ein Besuch im Viertel Baixa, indem man am Ende der Rua Augusta in den Elevador de Santa Justa steigt, der einen nach Chiado bringt und einen tollen Blick zurück auf Baixa ermöglicht.

↖ Die morgendliche Stimmung beim Torre de Belem, einem der Wahrzeichen von Lissabon
↗ Die alte, gelb leuchtende Straßenbahn schlängelt sich durch die schmalen Straßen und folgt dem Auf und Ab durch das Stadtviertel Alfama.
→ Die Bleche voller süßer Spezialitäten locken viele Hungrige in die Confeitaria Pastéis de Belém.

TIPP

PASTÉIS DE BELÉM

Wer es nicht nach Belém schafft bzw. wer keine Lust hat, sich in der Confeitaria Pastéis de Belém in die lange Warteschlange zu stellen, um dort das originale Süßgebäck zu erstehen, für den gibt es zwei wirklich gute Alternativen: In der Rua do Loreto die Bäckerei Manteigaria und in der Rua Francisco Metrass die Pastelaria Aloma, die beide geschmacklich sehr nah an das Originalgebäck herankommen und sich bei Wettbewerben um die besten Pastéis de Nata die vorderen Plätze teilen.

ERKUNDUNGSTOUR AUF RÄDERN

Für all diejenigen, die sich außerhalb des Lissaboner Stadtzentrums nicht nur zu Fuß auf Erkundungstour begeben wollen, gibt es rollende Unterstützung. Um den Westen der Stadt, insbesondere das Ufer des Tejo, zu erkunden, sind Mietroller oder -fahrräder eine hervorragende Möglichkeit der schnelleren und bequemeren Fortbewegung. Oder man bucht eine geführte Segwaytour, die vorbei an Europas längster Brücke, der Ponte de Vasco da Gama, am Flussufer entlang nach Belém führt.

LISSABONS AQUÄDUKT

Unübersehbar, und doch verlaufen sich nur ganz wenige zu dieser besonderen Sehenswürdigkeit: dem Aqueduto das Áquas Livres. Mit einer Länge von knapp 19 Kilometern und einer Höhe von 65 Metern ist es einer der weltweit größten und war bis 1967 in Betrieb. Das Aquädukt erhebt sich im Westen der Stadt und lädt zu einer Begehung ein, die herrliche Aussichten auf das nördliche Lissabon verspricht. Der Eingang befindet sich an der Straße Calçada da Quintinha im Stadtteil Campolide.

Die Kirche Santuário de Nossa Senhora do Cabo Espichel in Sesimbra

2

SESIMBRA

SONNE, STRAND UND MEHR

Zwischen filmreifer Kulisse und einem der schönsten Naturstrände Europas liegt unweit der Tore der Hauptstadt das Fischerörtchen Sesimbra auf der Halbinsel Setúbal – der perfekte Ausgangsort für entspannte Strandtage.

Zur Linken das Cabo Espichel, das bereits Hollywood als Filmkulisse diente, zur Rechten die Praia de Galapinhos, einer der schönsten Naturstrände Europas, und der Parque Natural da Arrábida: Bei einem Besuch in Sesimbra fällt die Entscheidung sichtlich schwer, wohin es zuerst gehen soll, die vielen anderen Strände und Pinienwälder noch gar nicht mit einbezogen.
Cabo Espichel ist genau das richtige Ziel für alle, die sich für die Schroffheit des Atlantiks und die karge Schönheit der Felsen begeistern können. Eine besondere Attraktion sind Dinosaurierabdrücke im Gestein. Standfest sollte man bei einem Abstecher dorthin unbedingt sein! Die Praia de Galapinhos ist hingegen die absolute Schönheit unter den Stränden und der perfekte Ort für ein paar Stunden am Meer – und das Beste ist, dass sich auf die Halbinsel noch nicht allzu viele Touristen verirren. Außerdem wären da noch die vielen kleineren und größeren Strände und Badebuchten nordwestlich von Sesimbra, mal mit direktem Zugang, mal durch den Wald und über Kreidefelsen erreichbar.
Zu guter Letzt gibt es noch das Castelo de Sesimbra zu besichtigen. Von den Mauren erbaut und später restauriert, eröffnet sich bei einem Besuch ein atemberaubender Blick. Eines muss man hier essen: den Fisch. Er hat Top-Qualität und landet selbst in Lissabons Sterneküchen.

TIPP

MIT DEN FISCHERN AUFS MEER
Wem frühes Aufstehen nichts ausmacht, der sollte sich im Hafen bei den Fischern umhören, denn einige von ihnen sind bereit, Besucher mitzunehmen und sich bei der Arbeit zusehen zu lassen.

3

Der Hafen in Setúbal mit den Fischerbooten

SETÚBAL

LIEBE AUF DEN ZWEITEN BLICK

Setúbal offenbart seine Vorzüge erst auf den zweiten Blick. Das ist auch gut so, denn wüssten mehr Urlauber von Halbinsel und Stadt, könnte man die Ruhe hier nicht mehr genießen. Eine fischreiche Bucht, eine Delfinfamilie, beschauliche Strände und ein wenig Geschichte, das ist Setúbal.

Setúbal hat eine Menge über Portugal zu erzählen – und eine wunderbare Umgebung noch dazu. Boote reihen sich im Hafenbecken aneinander, die Uferpromenade lädt zum Schlendern ein. Die Stadt, die einst durch die Seefahrt Wohlstand erlangte, steht nach wie vor für Fischfang. Im Zentrum befindet sich das ehemalige Kloster Convento do Jesus, das heute ein Museum beherbergt und als eines der ersten Bauwerke der Manuelinik gilt. Beim Gang durch die Straßen erlebt man ein authentisches Portugal. Nicht vorbei kommt man an einem Besuch des Mercado do Livramento, hier in der Markthalle hat sich über die Jahrhunderte hinweg wenig verändert. Es wird ein Schwätzchen gehalten, gehandelt und die Waren an den Mann/die Frau gebracht. Die Fischauswahl ist riesig, die Stände sind bestens sortiert. Eine amerikanische Zeitung betitelte den Markt gar als einen der besten der Welt. Ganz in der Nähe liegt die Praça de Bocage, ein schöner Platz umgeben von Cafés, die zu einer Pause einladen. Die nähere Umgebung lockt ebenfalls zur Erkundung, so zum Beispiel der Weinort Palmela im Weinanbaugebiet Azeitão, dessen bekanntester Sprössling der süße Moscatel ist. Dazu ein Schafskäse aus der Region, Queijo de Azeitão, und auch die Geschmacksknospen sind zufrieden.

TIPP

MIT DEM BOOT ZUM TRAUMSTRAND

Von Setúbal aus kann man mit dem Boot (Fähre) zur Halbinsel Tróia fahren und einen der längsten und schönsten Strände Europas genießen. Auch klettern kann man hier sehr gut!

Das Castelo de Palmela mit Ausblick auf Setúbal und die Küste der Costa de Gale bei Lissabon

EINE STADT WIE EIN FREILICHTMUSEUM

Hinter der großen Ringmauer erzählt Évora die Geschichte Portugals ohne viele Worte, allein mit seinen Bauwerken, die sämtliche Epochen widerspiegeln. Ihren Namen erhielt die Stadt von den Kelten, und Römer, Mauren und die portugiesischen Könige hinterließen ihre Spuren, die sie bis heute so einzigartig machen.

Innerhalb der alten Stadtmauer angekommen, lässt sich Évora auf verschiedene Arten erkunden: Èvora auf eigene Faust, das heißt, sich einfach treiben lassen, am Ende wird man trotzdem alles gesehen haben. Oder Évora intensiv, dafür nimmt man sich einen der kenntnisreichen Stadtführer, für beides braucht es keinen Stadtplan.
Eine Stadt, die alle Baustile Portugals vereint, ist etwas Besonderes. Évora tut es, ohne sich etwas darauf einzubilden, vornehm zurückhaltend. An der Praça do Giraldo mit ihrem berühmtem Marmorbrunnen, dessen acht Brunnenröhren die acht vom Platz abgehenden Straßen darstellen, ist der perfekte Ort für einen Start. Der Platz ist das Herz der Stadt, umgeben von Cafés und Geschäften in jahrhundertealten Gebäuden. Am Ende des Platzes erhebt sich die Igreja de Santo Antão. Läuft man links an ihr vorbei, kommt man zum Rathaus. In der Vorhalle befinden sich die Termas

4

Romanas, die römischen Thermen. Von hier streift man durch die Straßen, um dann durch den Arco Romano de Dona Isabel in Richtung Diana-Tempel abzubiegen. Bevor man die Überreste des Tempels in Augenschein nimmt, sollte Zeit für einen Blick über das Alentejo sein. Man steht hier leicht erhöht an einer Mauer und hat eine wunderbare Aussicht. Hat man diese genug genossen, dreht man sich um und geht jetzt direkt auf den Diana-Tempel aus dem 1. Jh. v. Chr. zu. Wie er da so steht, passt er irgendwie nicht ins Bild, aber blättert man im Geschichtsbuch zurück, eben doch. Und ganz genau genommen heißt er Templo Romano de Évora, denn er ist nicht, wie viele Jahrhunderte angenommen, der Göttin der Jagd – Diana – gewidmet.
Nur einen Steinwurf entfernt befindet sich die Sé de Évora, die Kathedrale. Nach der Grundsteinlegung 1186 wurde sie ständig erweitert. Von außen unspektakulär, bezaubert sie mit inneren Werten. Der Aufstieg auf den Turm und ein Spaziergang auf dem Dach sind jede Treppenstufe wert. Das Areal um die Kathedrale wurde immer wieder den Wünschen der jeweiligen Herrscher angepasst. Heute ist in Teilen des alten Palastes eine Fakultät der Universität untergebracht.

Lasst Knochen sprechen

Nach einem kleinen Spaziergang durch die Straßen und Gassen, das Flair der Stadt aufsaugend, ist man auch schon an der Markthalle angelangt. Doch eigentlich ist das Gebäude gegenüber der Grund für den Weg hierher, die Knochenkapelle. Schon die Inschrift am Eingang verkündet dem Besucher, was ihn erwartet: »Wir, die Knochen, die hier liegen, warten auf eure.« Das Konzept und der Aufbau der Kapelle sind in sich stimmig und machen einmal mehr bewusst, wie wenig über das Thema Tod gesprochen wird. Geboren aus der Not, denn die Friedhöfe waren voll, wollte man den Toten eine würdevolle letzte Ruhestätte geben. Mit ein paar erklärenden Worten ist der Gang in die Kapelle auch mit Kindern unbedenklich. Hat man die Möglichkeit einer Führung, ist diese unbedingt zu empfehlen, denn viele Details und die dahinterstehende Idee kann man ohne Erläuterungen nur schwer erfassen, und kennt man sie einmal, lassen sie die Kapelle auch überhaupt nicht mehr gruselig erscheinen.
Aus dem Reich der Toten zurückgekehrt, geht es wieder an die frische Luft. Vorbei am Palácio de Dom Manuel I., durch den Jardim Público de Évora mit einer Schar Fasanen und entlang der Ruínas Fingidas ist der kleine Stadtrundgang am alten Stadttor Porta do Ramundo fast schon wieder vorbei. Hier noch einmal links abgebogen, läuft man direkt wieder auf den Ausgangspunkt, die Praça do Giraldo, zu.

↑ Capela dos Ossos: eine Säule mit Knochenschmuck – eine ungewöhnliche letzte Ruhestätte
↙ Der antike römische Tempel, auch Tempel der Diana genannt, erhebt sich in der Stadt Évora und ist Teil des historischen Stadtzentrums.

TIPP

AUS DER VOGELPERSPEKTIVE

Dem Besuch in Évora die Krone aufsetzen können all diejenigen, die keine Angst vor Höhe haben und eine Menge Adrenalin im Blut genießen. Beim Aeroclube Além Tejo lassen sich Fallschirmsprungkurse oder Flüge im Segelflieger oder Ultraleichtflieger buchen. Von hoch oben kann man einen Blick aus der Vogelperspektive auf Stadt und Natur werfen.
https://de-de.facebook.com/AeroclubeAlemTejo

ZEUGEN DER STEINZEIT

Nur rund zwölf Kilometer außerhalb der Stadt liegt ein faszinierender Ort: Cromeleque dos Almendres, ein Steinkreis, dessen Alter auf 4000 bis 6000 Jahre geschätzt wird. Über seinen Zweck sind sich die Wissenschaftler bis heute uneins. Ob Kultstätte, Sonnenkalender oder Sternwarte, sicher ist, dass der Ort etwas Magisches hat und sich ein Besuch ausnahmslos lohnt. Eine genaue Adresse gibt es nicht, man fährt auf der N114 Richtung Montemor-o-Novo, biegt nach Guadalupe ab und folgt dann den Hinweisschildern.

EIN NEU GESCHAFFENES PARADIES

Unverhofft kommt oft: Willkommen im Paradies! Dort, wo einst Pinienwälder, Korkeichen und Olivenhaine das Bild prägten, findet sich heute eine Oase für Wassersportfreunde und alle, die Ruhe und Natur genießen wollen.

Die Region des Alentejo kurz vor der spanischen Grenze galt im Sommer stets als (zu) trocken. Wasser musste her, und so begann man in den 1990er-Jahren, den Fluss Guadiana aufzustauen, und der größte Stausee Europas entstand. Ein zweischneidiges Schwert, doch für die Besucher der Region wurde ein Paradies geschaffen.
Von Évora kommend, gelangt man schon während der Anfahrt in den sagenhaften Genuss des tollen Panoramas. Alqueva, der Ort, der dem Stausee seinen Namen gab, ist der beste Ausgangspunkt, um den See und die Seenlandschaft zu erkunden. Um sich einen ersten Überblick zu verschaffen, geht es zur Staumauer. Gewaltig! Wer mag, kann noch im Museum für Lokalgeschichte, Museu do Medronho, anhalten oder gar im Vorfeld eine Safari-Tour buchen und so die Umgebung ganz intensiv kennenlernen.
Der Alqueva-Stausee ist ein Naherholungsgebiet der Extraklasse. Wanderwege und Mountainbikestrecken sind ausgeschildert, Strände wurden angelegt. Bootsverleihe laden dazu ein, an einer Bootsfahrt teilzunehmen oder selbst aktiv zu werden. Sogar Hausboote kann man hier mieten. Von Action bis zu absoluter Ruhe ist hier alles möglich. Und wenn es zwischendrin ein wenig Kultur sein darf, dann gibt es den ein oder anderen Megalithen zu bestaunen. Oder man begibt sich auf den Weg ins mittelalterliche Dorf Monsaraz.
Das Beste kommt aber zum Schluss: der Sternenhimmel! Nachts, wenn alle Lichter aus sind, funkeln und strahlen die Sterne am Himmelszelt um die Wette!

TIPP

MONSARAZ MUSEU ABERTO

Im Juli jeden geraden Jahres wird Monsaraz zum »Museum unter freiem Himmel«. Dann stehen kulturelle Veranstaltungen, Handwerkermärkte, Ausstellungen und die regionale Küche mit ihren typischen Erzeugnissen im Fokus.

↖ Die Ziegen in der Region Alentejo suchen in der Mittagshitze unter Bäumen Schutz vor der Sonne.
→ Der Blick zum Stausee Alqueva in Alentejo bietet eine Erholung für alle Sinne. Er entstand durch den Aufstau des Flusses Guadiana.

5

ALENTEJO – DAS URSPRÜNGLICHE PORTUGAL

Von den schönsten Stränden am Atlantik geht es über sanfte Hügel und weite Ebenen ins Landesinnere. Vorbei an Olivenhainen, Korkeichen und Weizenfeldern, Weinreben und Weidevieh führt die Fahrt von Santiago do Cacém nach Mértola. Kultur und Natur befinden sich hier im Einklang, ebenso Tradition und Moderne – der Alentejo ist ein echter Geheimtipp.

Flächenmäßig ist der Alentejo die größte Region des Landes, doch gleichzeitig die am dünnsten besiedelte. Vom Atlantik bis zur spanischen Grenze zeigt sich Portugal hier von seiner unberührten und authentischen Seite. Das Hinterland Richtung Grenze war lange Zeit von der Welt abgeschieden und kochte sein eigenes Süppchen, diesem Umstand verdankt sich bis heute seine Ursprünglichkeit. Obwohl der Algarve ganz nah, unterscheidet sich auch die Küste des Alentejo erheblich von der bei Urlaubern so beliebten Nachbarin.

Die Dünenstrände des Alentejo sind nach wie vor wenig frequentiert, der südliche

INFO

Start: Santiago do Cacém
Ziel: Mértola
Länge: ca. 240 Kilometer
Dauer: 4–7 Tage
Beste Reisezeit: April bis Oktober

Die Küste bei Vila Nova de Milfontes in Alentejo ist mit ihren Buchten und Klippen eine Augenweide.

Teil der Küste ist vor allem von Felsbuchten geprägt – ein Paradies für alle, die fernab der Urlaubermassen ein paar Stunden am Strand genießen wollen.
Weg vom Meer führt der Weg durch Olivenhaine, Korkeichenwälder und Weinbaugebiete. Das regionale Olivenöl ist von höchster Qualität, die Korkeichen machen Portugal noch heute zu einem der größten Korkproduzenten der Welt, und der Wein reiht sich in die Riege erstklassiger Weine ein.
Erste Station auf der Route ist **1 Santiago do Cacém**, eine Stadt, die auf eine lange und reiche Geschichte zurückblicken kann und bereits in römischer Zeit bekannt war, lag sie doch entlang der Römerstraße, die von der Algarve bis nach Lissabon führte. Heute erzählen die nahe gelegenen römischen Ruinen von Miróbriga, seine Tempel und Thermen von dieser frühen Zeit. Die Burg aus dem Mittelalter dokumentiert einen weiteren Teil der Vergangenheit.
Durch seine zentrale Lage unweit der Küste ist Santiago do Cacém idealer Ausgangsort, um sowohl den langen, von Dünenstränden geprägten Küstenabschnitt als auch den südlichen, von Felsbuchten durchsetzten Teil zu erobern.

Korkeichen schaffen eine schattige Allee in Alentejo.

Von hier startet die Fahrt auf der N121. Der nächste Halt ist in **2 Beja** geplant, stolze Besitzerin des mit 40 Metern höchsten Burgturms Portugals – eine Stadt mit viel Historie, darunter eine ganz besondere Geschichte einer Liebe, die es sogar in die deutsche Literatur geschafft hat und durch Rainer Maria Rilkes »Portugiesische Briefe« bekannt wurde. Der Blick vom Turm sucht seinesgleichen und verschafft am Anfang der Stadtbesichtigung einen optimalen Überblick auf das, was Beja alles zu bieten hat.
Unweit von Beja liegt der Ort Vila de Frades (siehe S. 120), Kennern guter Tropfen bekannt für seinen Wein, wie er schon zu Römerzeiten gemacht wurde, den Vinho de Talha. Als Teil der Großgemeinde Vidigueira steht hier fast alles im Zeichen des Weins. Ein Museum über die Geschichte des Weins gibt einen interessanten Überblick, danach folgen eine Weinprobe und regionaltypische Gerichte. Aber Vorsicht: Wer fahren muss, nippt besser nur.
Die Winzer, Weingüter und edlen Tropfen hinter sich lassend, geht es über die N258 weiter nach **3 Moura**. Schon der Name der Stadt verrät etwas über ihre Wurzeln: Moura bedeutet »Maurin«. Von Mauren besiedelt und von den Christen erobert, finden sich vor allem von Letzteren bei einem Stadtrundgang noch einige erhaltene Bauwerke. Moura selbst ist nicht groß, im gleichnamigen Landkreis finden sich jedoch weitere Burgen und Ruinen, die zu einer Besichtigung einladen. Der Alqueva-Stausee (siehe S. 110) ist nur wenige Kilometer entfernt. Ein Aufenthalt lässt Kultur und Natur hervorragend miteinander verbinden.

Von Gesang und Toleranz

Auf Moura folgt **4 Serpa**. Ob über die N255 oder N265, macht wenig Unterschied, mit einer guten halben Stunde Fahrt muss gerechnet werden. Auch dieser Ort hat eine lange Geschichte, die rund 2000 Jahre bis in römische Zeit zurückreicht und von wechselnden Herrschern, Reglionen und Thronfolgekriegen geprägt ist, die Serpa immer wieder unter Beschuss geraten und zum Ort der jeweiligen Besetzer werden ließ. Burgmauer und Aquädukt sind unübersehbar und beeindruckend. Im höchsten Teil liegt der Stadtkern mit seinen maurischen und christlichen Relikten. Beim Streifzug durch die Straßen hat man vielleicht das Glück, den Klängen des Cante Alentejano lauschen zu können.
Durch die hügelige und grüne Landschaft geht es über die N265 weiter nach **5 Mértola**. Die spanische Grenze zur Rechten, den Parque Natural do Guadiana zur Linken wird das Ziel theoretisch nach gut einer Stunde erreicht, wären da nicht die permanenten Ablenkungsmanöver, die die Umgebung bereithält. Die Mina de São Domingos ist eines davon: ein altes Bergwerk, das nicht nur die Geschichte des Bergbaus im 19. und 20. Jahrhundert erzählt, sondern auch verdeutlicht, dass Kupfer, Gold und Silber hier schon von den Phöniziern aus den Erzen gewonnen wurden.
Sobald man in das Gebiet des Naturparks einfährt, begegnen einem Straßenschilder, die vermutlich die wenigsten vorher schon gesehen haben: ein umgekehrtes Vorfahrtsschild mit Katzenkopf – ein Symbol für den iberischen Luchs, der dank intensivem Artenschutz hier wieder heimisch ist.
Mértola, eine bezaubernde Stadt, die sich an den Berghang schmiegt, präsentiert sich heute als Freilichtmuseum mit zahlreichen Sehenswürdigkeiten wie der Burg, einer Ausgrabungsstätte, unzähligen Museen und der Kirche Irgreja Matriz de Mértola, die ein besonderes Beispiel für Toleranz darstellt – Toleranz, wie sie heute oft fehlt, aber schon vor Generationen gelebt wurde: Hier in Mértola siedelten einst Moslems und Christen friedlich nebeneinander, man akzeptierte sich und profitierte vom Können und Wissen des anderen. Als aus der Moschee eine Pfarrkirche wurde, baute man diese aber so, dass beide Religionen sie nutzen konnten: nach Mekka ausgerichtet, mit Eingängen zu beiden Seiten und dem Altar in der Mitte.

RESTAURANTS / ÜBERNACHTUNGEN

EINKEHREN

CAFE BRAZ (SANTIAGO DO CACÉM)
Zur portugiesischen »Teatime« sollte man wissen, wo man seinen Kaffee bekommt. Zum Beispiel hier an der N120. Die Wände voller alter Bilder, ringsherum Portugiesen und auf dem Tisch ein kräftiger Kaffee. Frühaufsteher bekommen hier auch Frühstück.

GERAÇÕES DA TALHA (VILA DE FRADES)
Wenn man den besonderen Talha-Wein probieren möchte, dann hier. Der Weinkeller ist klein, die Winzerin lebt für das, was sie tut, und genauso ambitioniert ist auch die Weinprobe. Eine kleine Führung zwischen den Fässern, danach zwei bis drei Weine und dazu ein paar herzhafte Snacks (alles regionale Produkte) – eine Weinprobe in familiärer Atmosphäre.
https://geracoesdatalha.com/en/about

CASA PAIXÃO (SERPA)
Das Traditionsunternehmen macht die besten *queijadas* (kleine Käseküchlein) der Region, wenn nicht sogar ganz Portugals. Und auch sonst ist man hier goldrichtig für portugiesisches Süßgebäck. Unbedingt am Vormittag kommen, da nachmittags meist geschlossen ist.
https://casapaixao.pt

ESPAÇO CASA AMARELA (MÉRTOLA)
Das Lokal schräg gegenüber der Casa Tia Amália ist gemütlich und bietet ein großzügiges Ambiente. Von der Terrasse schaut man auf den Fluss und die Burg, und das Essen ist sehr gut.
https://de-de.facebook.com/EspacoCasaAmarelaMertola/

ÜBERNACHTEN

CASA DE SANTIAGO (SANTIAGO DO CACÉM)
In dieses altehrwürdige herrschaftliche Haus ist der Komfort des 21. Jahrhunderts eingezogen, ohne den Charme der vergangenen Jahrhunderte zu verdrängen. Aber das Glanzstück ist der Garten: Kleine schattige Plätzchen, Pinien und Blumen, mittendrin ein Pool und der Blick in die Landschaft laden zum Träumen ein.
https://casadesantiago.pt

HOTEL BEJENSE (BEJA)
Blumenranken und Korbsessel heißen die Gäste willkommen. Im Inneren herrscht ein Stilmix aus den 1970er-Jahren bis heute. Die Unterkunft liegt zentral und hat einfach Charme.
https://sites.google.com/view/hotel-bejense-beja

ALJANA GUESTHOUSE (MOURA)
Mithilfe des europäischen Strukturentwicklungsfonds wurde diesen alten Gemäuern neues Leben eingehaucht. Das Ergebnis ist perfekt: Man wohnt in großzügigen, stilvoll eingerichteten Zimmern mit Gewölbedecken, genießt ein Frühstück, das in ganz Portugal seinesgleichen sucht, und hat die Burg gleich nebenan.
http://aljanaguesthouse.godaddysites.com

CASA TIA AMÁLIA (MÉRTOLA)
Diese wunderbare Pension liegt am anderen Ufer des Flusses Guarda und ein paar Schritte von selbigem entfernt. Die Zimmer sind stilvoll eingerichtet, und der Garten steht voller Zitronenbäume. Der Blick auf Mértola ist fantastisch.
www.visitalentejo.pt/de/katalog/unterkunft/ortliche-unterkunft/hostel-casa-da-tia-amalia

Korkeichen und Kühe, ein gängiges Landschaftsbild in Alentejo

KULTURSCHÄTZE UND WEITBLICKE

Natur, Kultur und Wildlife, das sind Santiago do Cacém und seine Umgebung, unberührt, schön und abwechslungsreich. Einsame Buchten wechseln sich mit langen Sandstränden ab, und über allem thront die alte Burg, von der man eine fantastische Aussicht hat. Windmühlen, römische Ruinen, Tempel und ein Safari-Park vor den Toren der Stadt machen den Aufenthalt unvergesslich.

Das Castelo de Santiago do Cacém überragt den Ort hoch oben auf dem Hügel, zu seinen Füßen liegt die Altstadt mit ihren schmalen Gassen. Vor dem Aufstieg zur Burg parkt man das Auto am besten auf dem großen kostenfreien Parkplatz westlich der Burganlage. Das Castelo wurde auf den Resten der maurischen Festung gebaut und wird auf das 12./13. Jahrhundert datiert. Ein Spaziergang entlang der gut erhaltenen Mauer ermöglicht tolle Blicke bis zum Meer. Eine Burgbesichtigung ist nur bedingt möglich, denn innerhalb ihrer Mauern befindet sich der

1

↑ Portugals weiße Sandstrände lassen sich zu Fuß besonders gut erkunden und genießen.
↙ Das Castelo de Santiago do Cacém liegt auf dem Hügel über der Stadt, die sich Besuchern mit ihren typisch weißen Häusern und schmalen Gassen präsentiert.

städtische Friedhof, eine einzigartige Nutzungsweise. Wer neugierig ist, darf sich natürlich umschauen.
Unterhalb der Burganlage befindet sich eine Kapelle aus dem 17. Jahrhundert, die Capela de São Pedro, die allerdings auch nur aus der Entfernung zu bestaunen ist. Der Bummel durch die Altstadt gehört unbedingt dazu, hier kann man sich einfach treiben lassen. Am Abend lohnt sich die Fahrt zum Miradouro im Norden der Stadt. Touristisch nichts Besonderes, bietet er jedoch am Abend eine andere Perspektive auf Santigo do Cacém, das einem, umhüllt von Lichtern, zu Füßen liegt, und auch die Burg lässt sich gut erkennen.

Windmühlen und römische Reste

Am Rande der Stadt auf den östlichen Bergen sind noch einige alte Windmühlen zu bewundern, die sich hübsch in Weiß-Blau präsentieren. Die meisten sind außer Betrieb, eine wurde zu einem »Hotelzimmer« ausgebaut, eine weitere, die noch funktioniert, kann, sofern der Besitzer anwesend ist, besichtigt werden. Ins Auge fallen die Tongefäße an den Seilen, der Wind bläst auf ihnen wie auf Pfeifen, und anhand der Klänge konnten die Müller erkennen, wie ihre Mühle arbeitet.
Bereits in römischer Zeit war Santiago do Cacém von Bedeutung, denn die Stadt lag an der Römerstraße, die von der Algarve nach Lissabon führte. Aus dieser Zeit lassen sich in der nahe gelegenen Ausgrabungsstätte der römischen Siedlung Miróbriga heute noch Reste von Tempeln, der Thermen und eines Hippodroms bestaunen.

Auf dem Weg an die sagenhaften Strände der Reserva Natural das Lagoas de Santo André e da Sancha, die sich nordwestlich von Santiago do Cacém erstreckt, wird es wild: Hier liegt nämlich der Badoca Safari Park. Wer schon immer mal eine Safari machen wollte, wird hier seinen Spaß haben. Nach der Begegnung mit den wilden Tieren heißt es dann: auf zum Wasser! Im Naturreservat findet sich rings um die Lagune eine typische Feuchtlandschaft mit entsprechendem Ökosystem. Man trifft auf Sumpfgebiete, Moorheide und Weiden, hier lassen sich Vögel ungestört nieder und von den Besuchern beobachten. Die Dünenstrände im Naturreservat sind traumhaft schön. Lange Strandspaziergänge, Baden im relativ ruhigen Wasser des Atlantiks und einfach die Seele baumeln lassen – dafür ist dies der richtige Ort.
Im Süden von Santiago do Cacém bleibt die Küste weiter unberührt, wird aber etwas wilder. Hier versteckt sich eine Reihe kleiner Buchten, die Schutz vor dem rauen Atlantik bieten. Nur das Tosen der an die Felsen anbrandenden Wellen verrät die gewaltige Kraft des Ozeans. Um Porto Covo herum gibt es gleich mehrere dieser einsamen Buchten, und man hat die Qual der Wahl. Doch für welche man sich auch entscheidet, eine ist so hübsch wie die andere.
Wer bereit ist, auf der Fahrt zu den Buchten den Umweg über Sines – selbst auch einen Halt wert – in Kauf zu nehmen, der wird auf der M1109 eines der schönsten Stückchen Küstenstraße in Portugal befahren.

TIPP

ABSTECHER ZUR HALBINSEL TROÍA
Wer für den Aufenthalt in der Reserva Natural das Lagoas de Santo André e da Sancha mehr Zeit eingeplant hat, kann noch eine Entdeckungsreise auf die Halbinsel Troía anhängen. Hier gibt es nicht nur traumhafte lange Sandstrände zu erkunden, sondern auch eine römische Siedlung, Caetobriga, sie ist die älteste portugiesische Grabungsstätte und wurde bereits Mitte des 19. Jahrhunderts entdeckt.

WANDERN
Santiago de Cacém ist ein idealer Ausgangsort, um Teilwanderungen der Rota Vicentina oder im Naturpark zu unternehmen. Die Auswahl groß: Es kann eine reine Naturwanderung werden, oder es kann eine historische oder eine Kombistrecke ausgewählt werden. Das Streckennetz ist hervorragend und bietet für jeden Geschmack und jedes Konditionslevel etwas.
https://rotavicentina.com/de

HERAUSRAGEND CHARMANT

Die Stadt Beja, unter Caesar auf einem der höchsten Punkte der Region gegründet und überdies im Besitz des höchsten Burgturms Portugals, versprüht bis heute ihren Charme, den sie nicht zuletzt ihrer wechselhaften Vergangenheit verdankt.

Beja, von den Römern gegründet, mehr als 400 Jahre maurische Hochburg und später von den Christen erobert, lässt sich als historischer und kultureller Schnittpunkt beschreiben. Noch immer finden sich zahlreiche Zeugnisse jeder dieser Epochen in und um die Stadt herum. Während man durch die kopfsteingepflasterten Gassen schlendert, kann man die weiß getünchten Gebäude bewundern, viele von ihnen haben noch maurische Kamine und Azulejo-Verzierungen.

Unübersehbares Relikt mittelalterlicher Struktur ist das Castelo de Beja. Sein gänzlich aus Marmor gebauter Turm ist imposant, was er nicht zuletzt seiner Höhe von 40 Metern zu verdanken hat. Einst zum Erspähen nahender Feinde hervorragend geeignet, bietet er heute eine fabelhafte Aussicht auf die friedliche Weite des Alentejo.

Im ehemaligen Kloster Convento de Nossa Senhora da Conceição ist heute ein Regionalmuseum untergebracht. Die vergoldete Klosterkapelle ist ein echtes Glanzstück. Hier in den Räumlichkeiten widmet sich auch eine Ausstellung der berühmten Liebesgeschichte, die sich im 17. Jahrhundert zwischen einer Nonne des Konvents und einem französischen Soldaten zugetragen hat. Die Liebesbriefe, die die Nonne verfasste, inspirierten u. a. Rainer Maria Rilke, der sie unter dem Titel »Portugiesische Briefe« nachdichtete.

Seit jeher war Beja ein Landwirtschaftszentrum vor allem für Weizen, Oliven und Kork, deswegen findet hier auch heute noch jährlich die Landwirtschaftsmesse statt.

TIPP

SIGHTSEEING
Die Stadt stellt für ihre Besucher Audiotouren und Fahrräder zum Mieten bereit.

PARKEN
Es ist empfehlenswert, außerhalb des Zentrums zu parken, die schlechte bzw. nicht vorhandene Beschilderung und sehr wenige Parkplätze in der Stadt erzeugen nur unnötig Stress.

SÜSSES AUS BEJA
Unbedingt probieren sollte man die *doces conventuais de Beja*, die »Kloster-Süßigkeiten«, die hier im Konvent erfunden worden sein sollen und Zucker, Eier, Kürbis, Mehl, Schokolade und Mandeln in unwiderstehliche süße Träume verwandeln.

↖ Ein landestypisches Kachelbild ist im Kloster Nossa Senhora da Ceonceicao in Beja zu bewundern.
→ Mittelalterliche Strukturen in Beja: die Burg, ihre Mauern und der massive Wehrturm

2

EIN DORF UND SEIN WEIN

Seit 2000 Jahren wird der Wein in den Talhas, den großen Tongefäßen, auf traditionelle Weise hergestellt. Die Römer brachten die Grundlagen, die Mönche führten die Tradition fort, und die Winzer von Vila de Frades haben es sich zum Ziel gesetzt, die Tradition am Leben zu erhalten, fortzuführen und ihre Weine stets zu verbessern.

Vila de Frades, was übersetzt »Dorf der Mönche« bedeutet, gilt als Hauptstadt des Talha-Weins. Das kleine sympathische Dorf liegt im Herzen des Alentejo und gehört zur Gemeinde Vidigueira. Nur gut fünf Kilometer von hier befinden sich die Ruinen eines römischen Dorfes namens São Cucufate, in dem archäologische Funde bezeugen, dass der berühmte Talha-Wein bereits von den Römern in die Region gebracht wurde.

Die Einwohner dieses Dorfes werden auch Farrapeiros genannt, ein Name, der aus dem 16. Jahrhundert stammt und sich von den Mönchen des Franziskanerordens ableitet, die für ihre einfache Kleidung bekannt waren – *farrapo* ist die portugiesische Bezeichnung für Lumpen. Dieser Orden überließ die Bewirtschaftung seiner Weinberge der Bevölkerung, die in überdimensionalen Tongefäßen, den Talhas, den Wein, das »Blut Christi«, herstellte.

← Ein Blick in die Vergangenheit: typische portugiesische Kneipeneinrichtung von früher
↙ Die traditionellen Talhas sind von beeindruckender Größe.
↓ Vinho Talha, ein edler Tropfen, ganz in traditioneller Handarbeit hergestellt

Der Talha-Wein war schon immer das Aushängeschild des Dorfes, und die hiesigen Winzer sind mit viel Engagement dabei, dieses kulturelle Gut, das sogar für die Aufnahme in die UNESO-Liste des immateriellen Weltkulturerbes nominiert ist, zu erhalten. Vor einer Weinprobe und einer Führung in einem der Weingüter empfiehlt sich unbedingt ein Besuch im Centro Interpretativo do Vinho de Talha. Es ist klein, aber sehr informativ, teils interaktiv und vermittelt das nötige Grundlagenwissen, um den Wein im Weinkeller richtig einschätzen zu können.

Der Wein aus dem Tontopf

Talha-Wein ist ein einzigartiges Produkt, das Teil der Weinkultur des Alentejo ist und sich aus einem Weinherstellungsprozess ableitet, der bereits von den Römern eingeführt wurde. Dieser Prozess beginnt mit der Ankunft der Trauben in der Kellerei, wo sie entrappt (Trennung der Trauben von den Stielen und Stielgerüsten, der sogenannten Rappe), gepresst und mit Schalen, Kernen und einem Teil der Stiele in die Tongefäße gegeben werden, in denen die Gärung stattfindet. Bei der Gärung, bei der Zucker in Alkohol umgewandelt wird, entsteht Kohlendioxid, das nach oben entweicht und die festen Teile der Trauben mitreißt. An der Oberfläche bildet sich eine dicke Schicht, der sogenannte Tresterhut, die immer wieder umgewälzt bzw. nach unten gedrückt wird. Dabei werden alle Bestandteile der Traube auf den Wein übertragen, was ihm Farbe und Geschmack verleiht.
Ist die Gärung abgeschlossen, werden die Weine »abgestochen«, d.h. über ein Loch im Gefäßboden abgezapft. Traditionell findet das Anzapfen der Talhas am Sankt-Martins-Tag (11. November) statt, dann ist Weinzeit bis Januar, maximal Februar. Innerhalb dieser Zeit muss der Wein getrunken werden, länger hält er nicht.
Die Produktion von Vinho de Talha ist reine Handarbeit. Die Tonkrüge werden nicht nur per Hand befüllt und der Inhalt täglich zweimal mit einer Stange umgewälzt, sie werden, wenn der Wein getrunken ist, auch per Hand gereinigt. Das bedeutet, die Winzer steigen über eine Leiter ins Fass und entfernen die Reste (Schalen und Stiele) per Hand, dann wird ausgespült und auf die nächste Weinlese gewartet.
www.viladefrades.pt/index.php/patrimonio/centro-interpretativo-do-vinho-de-talha

DIE MAURIN

Bereits der Name der Stadt lässt auf ihre Vergangenheit schließen. Einst herrschten hier die Mauren – zumindest so lange, bis die Christen kamen. Die Stadt spiegelt beides wider, und ihr Wappen trägt es in die Welt hinaus.

Moura ist eine schöne Festungsstadt, die sich rund um die Ruinen einer Burg aus dem 13. Jahrhundert ausbreitet. Sehr sehenswert ist das gut erhaltene maurische Viertel Mouraria. Die 500 Jahre muslimischer Oberhand endeten mit der christlichen Invasion. Trotz der Rückeroberung blieb eine maurische Gemeinde bestehen. Viele Muslime verließen die Stadt erst im Jahr 1496, als König Manuel I. ein Edikt erließ, das sie zwang, zum Christentum zu konvertieren oder wegzugehen.

Interessant ist auch das Wappen der Stadt. Dieses illustriert eine Begebenheit, die sich einer Legende zufolge hier ereignet haben sein soll: Die Maurin Salúquia, Tochter des maurischen Herrschers, sollte den Sohn eines anderen maurischen Herrschers heiraten. Portugiesische Kreuzritter fingen die Hochzeitsgesellschaft jedoch ab, töteten den Bräutigam und zogen, als Muslime verkleidet, vor die Stadt. Salúquia hielt die Verkleideten für die Hochzeitsgäste und hieß die Tore öffnen. Kaum hatten die Kreuzritter begonnen, die Mauren zu töten, wurde ihr klar, dass auch ihr Bräutigam längst niedergestreckt worden war. Daraufhin stürzte sie sich, wie im Wappen dargestellt, vom Turm in den Tod.

Oben auf dem Hügel finden sich noch Ruinen eines alten Klosters sowie ein Klosterkomplex mit Kirche. Die Igreja de Nossa Senhora do Carmo ganz in der Nähe ist ebenfalls einen Besuch wert. Highlight eines Besuchs in Moura ist jedoch das stimmungsvolle Maurenviertel Mouraria mit den typischen Häusern jener Zeit und ihren charakteristischen Schornsteinen. Das arabische Museum zeigt die Geschichte noch einmal im Detail.

TIPP

RUND UMS OLIVENÖL

Das Olivenölmuseum Museu do Azeite – Lagar de Varas do Fojo, untergebracht in einer alten Ölmühle, lohnt einen Besuch. Die Landschaft rings um Moura ist übersät mit knorrigen Olivenbäumen und damit prädestiniert für gutes Öl.

← Die typisch weißen, kleinen Häuser reihen sich in Mouras Straßen aneinander.
↗ Der Frühling ist Blütezeit im Olivenhain.

DIE WEISSE STADT

Dem Fluss Guadiana ganz nah, erhebt sich Serpas Burg über den weißen Dächern des Ortes. Die weiße Perle im Alentejo überzeugt mit Geschichte, Ruhe und Gelassenheit. Sie wacht über den Erhalt des Cante Alentejo und begeistert mit regionalen Köstlichkeiten. Hier ticken die Uhren in ihrem ganz eigenen Rhythmus.

Der erste Eindruck, den man von Serpa gewinnt, ist, wie soll es anders sein, von seiner Burg samt Burgmauer bestimmt. Die weiß getünchten Häuser, die dem Ort den Beinamen »weiße Stadt« gaben, liegen ihr förmlich zu Füßen – ein unglaublich schöner Anblick. Zwei der ursprünglich fünf Burgtore sind erhalten, die Porta de Moura und die Porta de Beja. Aber die alte Mauer kann noch mehr: Auf der Ostseite ist der alte Palast des Grafen von Ficalho »eingebaut«. Eine weitere Besonderheit fällt ins Auge: das Aquädukt, das sich, auf der Mauer aufgesetzt, über weite Teile des Gemäuers erstreckt.

Innerhalb der alten Stadtmauer trifft man auf den Uhrenturm, der einst eine Schutzfunktion innehatte. Ihm verdankt Serpa seinen Hang zu Uhren, und so findet man, nur einige

4

Straßen weiter, ein Uhrenmuseum (Museo do Relógio), das auf der Iberischen Halbinsel seinesgleichen sucht. Das Uhrenmuseum ist in einem Kloster aus dem 16. Jahrhundert untergebracht. Hier ist die 400-jährige Geschichte der Uhrenherstellung in Portugal dokumentiert.

↑ Das Kachelbild, das eine Hauswand in Serpa schmückt, zeigt eine religiöse Szene.
↙ Die kleine weiß getünchte Kapelle Nossa Senhora da Guadalupe steht auf einem grünen Hügel über dem kleinen Alentejo-Dorf Serpa.

Feste und Traditionen

Der maurisch-mittelalterliche Kern Serpas lädt zum Schlendern ein. Dabei entdeckt man noch die ein oder andere sehenswerte Kirche, traditionell aus Lehm gebaute Häuser und noch einige weitere Relikte aus alten Zeiten. Was das Städtchen so besonders macht: Die kleinen, engen kopfsteingepflasterten Straßen sind nicht von Touristen überfüllt, und man kann alles ganz in Ruhe angehen lassen. Trotzdem herrscht hier Leben, die vielen Cafés laden zum Verweilen ein, und bei einem Kaffee lässt sich das bunte Treiben der Portugiesen wunderbar beobachten. Nicht fehlen darf der Besuch der Wallfahrtskirche Igreja de Nossa Senhora de Guadalupe, sie ist der Schutzheiligen der Stadt geweiht, der zu Ehren bereits seit dem 14. Jahrhundert jedes Jahr von Karfreitag bis Dienstag nach Ostern ein Fest stattfindet.
Dieses Fest ist nicht die einzige Tradition, die bewahrt wird. Serpa gilt auch als Hauptstadt des Cante Alentejo. Wie der Fado gehört auch dieser traditionelle Gesang mittlerweile zum geschützten Kulturgut der UNESCO. Besungen werden vor allem Alltagsthemen wie Arbeit, Familie oder soziale Ungerechtigkeit, zu feierlichen Anlässen tragen die Männer bei ihren Auftritten auch die alte Tracht. Es ist nicht ganz unwahrscheinlich, dass, wenn man in eines der Lokale einkehrt, die Männer zusammensitzen und ihrer Liebe zum Alentejo in den Liedern Ausdruck verleihen.

Kulinarisches und ein Naturschauspiel

Die Gastronomie, die mit lokaler Küche aufwartet, überzeugt den Besucher mit ihren Leckerbissen. Je nach Vorlieben sollten unbedingt probiert werden: Käse und Olivenöl, dazu frisches Brot und ein Glas Wein aus dem benachbarten Pias – und schon ist die Zwischenmahlzeit perfekt. Auch die regionalen Wurstspezialitäten sind nicht zu verachten. Die »schwarzen Schweine« des Alentejo machen den besonderen Geschmack von Schinken, Salami und Co. aus.
Nach Kultur und Kulinarik lohnt sich ein Blick über die Stadtmauern hinaus. Serpa liegt nicht nur in den Weiten des Alentejo und in der Nähe des Guadiana, sondern auch unweit des Parque Natural do Vale de Guadiana, an dem man, ist man auf dem Weg nach Mértola, sogar direkt vorbeikommt. Neben Wald, Wassermühlen, Turmfalken, Störchen und dem Iberischen Luchs lässt sich hier auch noch der Pulo do Lobo (Wolfssprung) bewundern, eine Stromschnelle, in der der Guadiana in engen Kaskaden abfällt – ein beeindruckendes Naturschauspiel.

TIPP

STADTFÜHRUNGEN
Eine Initiative der Stadt bietet Mittwoch bis Sonntag in der Zeit von 10 bis 14 Uhr Stadtführungen an.
www.cm-serpa.pt/pt/Default.aspx

UHRENMUSEUM
Das Uhrenmuseum, Museu do Relógio, befindet sich in einem Kloster aus dem 16. Jahrhundert. Ausgestellt wird die 400-jährige Geschichte der Uhrenherstellung in Portugal. Wer ein antikes Stück besitzt, das repariert werden muss, könnte dies hier abgeben und dem Ticken zu neuem Leben verhelfen.
www.museudorelogio.com

5

MÉRTOLA

FREILICHTMUSEUM AM RIO GUADIANA

Mértola, die Kleinstadt am Ufer des Flusses Guadiana, gleicht einem Freiluftmuseum. Sanft schmiegt sie sich an den Berghang, auf dessem Gipfel hoch oben die Burg thront. Ihre Geschichte ist so abwechslungsreich wie besonders und erzählt vom Miteinander der Kulturen und Religionen.

Wenige Orte in Portugal stehen so symbolhaft für die verschiedenen Epochen des Landes wie Mértola. Es war römische Siedlung, Hauptstadt eines arabischen Königreichs und Sitz des Jakobusordens. Schon früh war Mértola außerdem dank seiner Lage am Fluss Guadiana wichtiger Handelsstandort. Dieser wird südlich von Mértola zum Grenzfluss zwischen Spanien und Portugal und mündet im Süden ins Meer. Die Waren konnten von hier direkt ins Mittelmeer (über die Straße von Gibraltar) und über den Atlantik in die Welt verschifft werden.
Beeindruckend sind heute vor allem die erhaltenen und ausgegrabenen Bauwerke vergangener Epochen. Insgesamt zäh-

len vierzehn »Ausstellungsorte« dazu, von denen sich elf direkt im Ort befinden. Auf dem Weg hinauf zur Burg begegnen einem einige davon, ganz unscheinbar direkt neben der Touristeninformation etwa eine alte Weberei. Das uralte Handwerk wird hier auch heute noch fortgeführt, und die Erzeugnisse eignen sich gut als Mitbringsel.
Nach einem kurzen, etwas steileren Stück erreicht man die Kirche Irgreja Matriz de Mértola. Es ist nicht etwa ihr äußeres Erscheinungsbild oder ein besonders prächtiger Altar, der das Gotteshaus auszeichnet, nein, es ist seine Geschichte. Im 4. Jahrhundert wurde hier eine Kirche errichtet, die die Mauren später zur Moschee umbauten und die nach der erneuten Übernahme der Christen wieder zur Kirche wurde. Soweit nichts Besonderes. Aber: Noch heute erkennen wir die Bögen in Hufeisenform und einen Mihrab (Gebetsnische), die von der ursprünglichen Moschee stammen. Außerdem gibt es zwei Eingänge – einen für Muslime (damals) und einen für Christen. Beide Wege führen zum Altar, der in der Mitte der Kirche an der Wand Richtung Mekka steht. Zu keiner Zeit hatte man das Gotteshaus abgerissen, sondern nur der jeweiligen Religion angepasst. Bis zum Edikt von 1496 beteten Moslems und Christen im selben Gebäude. Eine unglaubliche Geschichte.

Auf in den Sonnenuntergang

Raus aus der Kirche, geht es nur ein kleines Stück weiter: Direkt am Fuß des Burghangs befindet sich eine Ausgrabungsstätte, die Teile des antiken Myrtilis (Mértola) inklusive eines unterirdischen Gewölbeganges (Kryptoportikus) zeigt.
Nach so vielen Eindrücken aus mehreren Tausend Jahren ist es Zeit für einen sagenhaften Ausblick, der oben auf der Burg wartet. Im Burginneren befinden sich Ausstellungsräume, die sich der Geschichte widmen. Der Burghof lädt zu einem kleinen Rundgang ein und informiert auf der ein oder anderen Tafel über allerlei Wissenswertes. Wer schwindelfrei ist, sollte unbedingt direkt auf der Mauer entlanggehen. Der Blick über Mértola, auf den Fluss, die Brücken und in die Ferne ist einfach umwerfend. Zurück zum Auto führt der Weg an kleinen Geschäften, Cafés und Lebensmittelläden vorbei, auch gebrannte Kastanien werden verkauft.
Passenderweise ist es kurz vor Sonnenuntergang, wenn das Auto langsam über die Brücke rollt. Gleich rechts kommt ein Parkplatz, hier kurz angehalten und dann noch ein Stück weiter zum Mirador Castillo. Wie der Name vermuten lässt, hat man hier am Ufer des Flusses einen fantastischen Blick auf Stadt und Burg. Während man am Ufer entlangspaziert und wartet, bis die Lichter angehen, kann man den ereignisreichen Tag noch einmal Revue passieren lassen.

↑ Mértola schmiegt sich ganz in Weiß an den Berghang – hinab geht es zum Fluss.
← Mértolas Burg erhebt sich auf dem Hügel, bietet einen Rundumblick über die weite Landschaft und wird von der untergehenden Sonne in warmes Licht getaucht.

TIPP

MÉRTOLA IM HOCHSOMMER

Wer kann, meidet Mértola im Juli und August, denn dann wird es hier richtig heiß. Oder man unternimmt den Stadtrundgang gleich am Morgen und geht während des Tages in den schützenden Schatten der Bäume des Parque Natural do Vale de Gudadiana.

PARKEN

Das Auto sollte man am besten gleich ein Stück außerhalb auf einem der Parkplätze abstellen. Das Navigationssystem sagt zwar, man könne bis zur Touristeninformation fahren, dem ist aber nicht so! Dieser Bereich ist nur mit Anwohnerausweis zugänglich.

AN DER KÜSTE VON OST NACH WEST

Die Algarve zählt zweifelsohne zu den schönsten und abwechslungsreichsten Regionen in Europa. Sonne satt, feine Sandstrände, charmante Städte, idyllische Dörfer, schroffe Klippen, die golden im Sonnenlicht schimmern – die Algarve hat einfach alles, was das Herz begehrt. Die Menschen sind freundlich, das Essen ist gut, und abseits der Strände sind so manche historische Schätze versteckt.

Ganz im Osten der Algarve, an der spanischen Grenze geht es los: in **1 Vila Real de Santo António**. Direkt bei der Ankunft spürt man bereits etwas, was für die gesamte Algarve zutrifft, nicht aber für ganz Portugal – südländisches Flair. Spanien ist zum Greifen nah und lässt sich von hier aus schnell über den Fluss erreichen. Vila Real de Santo António ist eine für portugiesische Verhältnisse junge Stadt, die meisten der prachtvollen und historischen Gebäude stammen aus dem 18. Jahrhundert. Denn durch Flut und das Erdbeben von 1755 wurden große Teile der einstigen Stadt verschluckt bzw. zerstört. Wer bereits in Lissabon war, hat schnell einen Aha-Moment, denn der gleiche Marquês de Pombal erschuf Häuser und Straßenzüge neu. Eines noch vorweg: Auf dieser Route muss keiner Angst haben, dass er sich verfahren könnte. Es geht (fast) immer entlang der N125 gen Westen. Erst in Vila do Bisop, kurz vor dem Ziel, biegen wir auf die N268

INFO

Start: Vila Real de Santo António
Ziel: Sagres & Cabo de São Vicente
Länge: ca. 185 Kilometer
Dauer: 3–5 Tage
Beste Reisezeit: April bis Oktober

Taxi-Tuk-Tuks warten bei strahlend blauem Himmel und Sonnenschein auf Kundschaft.

ab. Entlang der Nationalstraße passiert man gefühlt tausend Kreisverkehre, wem das zu lästig wird, der kann – zumindest streckenweise – auf die weiter im Landesinneren nahezu parallel verlaufende Autobahn ausweichen.

An Traumstränden entlang

Von Vila Real de Santo António aus führt die Route, den Atlantik zur Linken, Richtung **2 Tavira**. Auf dem Weg sind mindestens sieben größere Strände ausgeschildert, die zusammen einen großen Sandstrand von rund zehn Kilometern Länge bilden. Wann auch immer es passt, abbiegen, anhalten und in die Fluten stürzen. Es sind Traumstrände mit feinem Sand und klarem Wasser, manchmal stehen Angler am Strand und werfen ihre Angelruten ins Meer, während kleine Wasservögel um ihre Füße herumhüpfen.
Tavira wird auch die Stadt der vielen Kirchen genannt. Tatsächlich gab es hier zu Hochzeiten 37 Kirchen bei weniger als 1000 Einwohnern. Heute kommen auf ein Vielfaches an Bewohnern »nur noch« 21 Kirchen. Dank seiner exponierten

Fischerboote liegen am Hafen in Tavira, einem malerischen Ort an der Ostalgarve.

Lage am Rio Gilão und mit Zugang zum Atlantik war Tavira lange Zeit der Haupthandelsplatz an der Algarve. Für den besten Blick auf all die Kirchtürme und Dächer der Stadt begibt man sich zur Burgruine oberhalb des Zentrums, die von einem wunderbar bewachsenen Garten umgeben ist.
Zurück im Auto und noch mit dem Verarbeiten des Kirchenmarathons beschäftigt, geht es nach **3 Olhão**. Nach einer halben Stunde ist das Ziel erreicht. Das Auto wird auf einem der Parkplätze entlang der Küste auf der Avenida 5 de Outubro für wenig Geld geparkt. Sofort fällt auf, dass die Häuser hier so gar nicht zu denen passen wollen, die man von anderen portugiesischen Städten her kennt: Hier sind sie würfelförmig und erinnern eher an Nordafrika denn an Portugal.
Der Hauptgrund, warum man hier gewesen sein sollte, befindet sich direkt an der Lagune: die Markthallen. Ihre kleinen Türmchen machen die beiden Backsteingebäude unverwechselbar. Eine Fülle an Fisch und Meerestieren ist in der Auslage der einen Halle zu bestaunen, Obst, Gemüse, Fleisch und noch vieles mehr in der anderen. Der Fischmarkt gilt als der beste an der Algarve. Olhão ist auch das Zentrum des Naturparks Ria Formosa.
Die Entfernungen zwischen den Stopps sind nicht groß, doch könnte man an jedem einzelnen einen ganzen Tag verbringen. Nachdem Olhãos Auslagen inklusive der ein oder anderen Kostprobe ausgiebig in Augenschein genommen wurden und nach einer Stippvisite im Naturpark hat man die gut zehn Kilometer nach **4 Faro** schnell geschafft. Die Hauptstadt der Algarve empfängt ihre Gäste freundlich aufgeweckt mit ihrem südländischen Flair und einem hübschen historischen Zentrum. Das Stadttor Arco da Vila heißt die Besucher im Frühjahr mit einem nistenden Storchenpaar willkommen. Eine Besonderheit fällt schnell auf: Die Altstadt ist noch immer komplett von der maurischen Stadtmauer umgeben. In ihrem Schutz konnte sich Faro seinen besonderen Charme und seine kulturellen Schätze bewahren, so etwa die Kathedrale, den Bischofspalast und das Rathaus. Einen Blick lohnt auch der Jachthafen, wo die Boote sacht hin- und herwiegen.

Von Bucht zu Bucht bis ans Kap

Die Fahrt von Faro nach Portimão ist der längste zusammenhängende Abschnitt auf der Route (ca. 68 Kilometer) und viel zu schade, um in einem Rutsch absolviert zu werden. Viel zu verlockend sind die zahlreichen Hinweisschilder am Straßenrand, die zu einem Abstecher ans Meer entführen, wobei die langen, flachen Sandstrände immer weniger werden und stattdessen Felsen und Buchten das Bild prägen. Dann ist Portimão erreicht. Die Römer gaben dem Hafen den Namen Portus Magnus, und als zweitgrößte Stadt der Algarve ist Portimão heute Fähr- und Kreuzfahrthafen. Ein Blick in die Historie zeigt, dass Schiffbau und Fischfang schon immer eine große Rolle gespielt haben.
5 Lagos und die Ponta da Piedade stehen als Nächstes auf dem Programm. Maritimes Flair gepaart mit reichlich Geschichte ist die optimale Beschreibung von Lagos – einer Stadt, die von allem etwas hat und dies vor seinen Gästen auch nicht verbirgt. Die Altstadt mit ihrem besonderen Charme erkunden und im Anschluss das Treiben in der modernen Marina erleben ergibt eine gute Mischung und rundet einen Besuch in Lagos ab. Unweit der Stadt liegt die Ponta da Piedade, die Spitze einer steilen Landzunge mit Grotten und imposanten Felsformationen. Ob auf dem Plateau oder zwischen den Felsen, ob morgens, mittags oder abends, der Besuch lohnt sich.
Die Route ist nun fast zu Ende, denn die Westküste wird erreicht. Krönender Abschluss sind **6 Sagres** und **Cabo de São Vicente**, ein wenig Kultur und umso mehr Natur. Hier in der atemberaubenden Felslandschaft, mit einem Leuchtturm am südwestlichsten Punkt Europas, endet die Route mit dem Wind im Haar und dem Rauschen des Ozeans im Ohr.

RESTAURANTS / ÜBERNACHTUNGEN

EINKEHREN

OS PIRENÉUS (VILA REAL DE SANTO ANTÓNIO)
Typischer kann man nicht frühstücken. Hierher verirrt sich kaum ein Tourist. Das Ambiente ist zwar ein bisschen nüchtern, aber der Kaffee ist super, und die Sandwiches sind es erst recht. Die Atmosphäre ist entspannt, und die Preise sind unschlagbar günstig!

ARTEFACT (TAVIRA)
Hier passiert die Kunst in der Küche. In diesem gemütlichen Restaurant ist jeder Teller ein Gedicht. Man sieht und schmeckt die Liebe zum Detail.
https://de-de.facebook.com/Artefactavira

LATITUDE – WINE & TAPAS (LUZ/LAGOS)
Ein Tapas-Restaurant der Extraklasse. Nicht nur die Einrichtung ist schön, die Tapas, die hier auf den Tisch kommen, schaffen zudem den Spagat zwischen traditionell und modern interpretiert mit dem gewissen Etwas. Dazu gibt es eine große Auswahl an Weinen und, falls nötig, eine Empfehlung.
https://latitude.eatbu.com/?lang=de

A SEREIA (SAGRES)
Dieses Fischrestaurant über dem Fischmarkt ist der perfekte Ort für ein Mittagessen (zwischen 12 und 16 Uhr). Frischer geht es nicht, und das Ambiente direkt am Wasser lässt es noch besser munden.
www.facebook.com/asereiasagres

ÜBERNACHTEN

GRAND HOUSE (VILA REAL DE SANTO ANTÓNIO)
Das wohl beste Haus am Platz: direkt am Flussufer gelegen mit Blick über den Guadiana und untergebracht in einem herrschaftlichen Gebäude aus dem 18. Jahrhundert. Hier werden die Gäste mit allen erdenklichen Annehmlichkeiten verwöhnt, und der Pool krönt das Ganze.
https://grandhousealgarve.com

ALMEDA EXCLUSIVE GUESTHOUSE (FARO)
Schon bei der Ankunft freut sich das Auge, die Fassade ist in einem wunderschönen Fliesenmuster gehalten. Im Inneren überzeugen die hellen und freundlichen Apartments. Am Abend lädt das hauseigene Restaurant zu einem Essen auf der Dachterrasse ein.
www.alamedaexclusivehouse.com

VILA GALÉ LAGOS
Mit direkter Strandlage und großzügiger Poolanlage ist das Haus perfekt für die ganze Familie. Hier können Eltern auch mal einen Moment zu zweit genießen, während die Kinder im Kidsclub sind. Das Hotel ist ein absolutes Schmuckstück, haben sich hier doch verschiedene portugiesische Designer verewigt.
www.vilagale.com

DOM MANUEL I (LAGOS)
Königlich wird es hier. Die Zimmer sind individuell gestaltet. Die Außenanlage bietet einen Pool und ist üppig grün bepflanzt. Hier kommt man unweit des Zentrums und nahe der schönsten Strände in eine Oase der Ruhe.
https://www.dommanuelhotel.com/de

CAMPING LAGOAO (MONCARAPACHO)
Abseits des Trubels etwas Ruhe genießen steht hier im Fokus. Stromanschlüsse sind vorhanden, großzügige Stellplätze auch, und im Pool kann man sich erfrischen. Brötchenservice und Sanitäranlagen gibt es auch.
www.facebook.com/people/Camping-de-Lagoao/100063562147807/?locale=de_DE

Praia do Camilo: wilde Natur an der Felsküste mit Sandstrand und roten Felsen

1

VILA REAL DE SANTO ANTÓNIO

AUF DEM REISSBRETT GEPLANT

Vila Real de Santo António ist ein Ort wie kaum ein anderer in Portugal, eine Retortenstadt würde man heute sagen. Innerhalb eines Jahres ließ Marquês de Pombal auf Befehl des Königs eine Stadt erbauen, um dem spanischen Nachbarn auf der anderen Seite des Flusses Flagge zu zeigen.

Wie kam es nun aber dazu, und was erwartet die Besucher heute? An der Stelle, an der wir heute Vila Real de Santo António antreffen, befand sich bis zum 16. Jahrhundert ein Ort, der Santo António de Arenilha hieß. Forschungen haben ergeben, dass dieser Stück für Stück vom Meer verschluckt wurde und die Fläche versandete. Der Fluss Guadiana, der hier ins Meer mündet, war Dreh- und Angelpunkt für Waren, die u. a. aus dem Alentejo verschifft wurden. Für den König bestand also die Notwendigkeit, genau hier eine Stadt zu errichten, um den Handel zu kontrollieren und dem Erzfeind Spanien, der nur einen Steinwurf entfernt war, zu zeigen, wer Herr über das Territorium ist. Da der König mit Marquês de Pombal und dessen Wiederaufbau des Baixa-Viertels in Lissabon gute Erfahrung gemacht hatte, wurde dieser beauftragt, die neue Stadt zu planen. 1774 war es so weit, und der Bau begann. Angelegt im

Schachbrettmuster, mit Straßen, die rechtwinkelig auf die Praça Marquês de Pombal zulaufen, wurde die Stadt errichtet. Die Erfahrung aus dem Wiederaufbau in Lissabon im Gepäck wurden standardisierte Bauteile in Lissabon vorgefertigt und verschifft und konnten vor Ort direkt zusammengesetzt werden. Um an den Ort, den die Natur hier einst verschlungen hatte, zu erinnern, hat man bei der Namensgebung der Stadt das »Santo António« beibehalten.

Rundgang mit Charme

Der Rundgang durch die Stadt, die seit jeher eng mit dem Fischfang verbunden ist, startet an der Praça Marquês de Pombal. Der Platz liegt im Herzen der Stadt, die Mitte markiert ein 1776 errichteter Obelisk, und den Boden ziert ein strahlenförmiges Mosaikpflaster.
An der Praça finden sich auch drei der wichtigsten Baudenkmäler aus dem 18. Jahrhundert: die Kirche Igreja de Nossa Senhora de Encarnação, das Rathaus und das ehemalige Wachhaus. Läuft man von hier ein paar Straßen weiter zur Uferpromenade, stößt man auf die Statue des Marquês de Pombal. Links abgebogen, steuert man auf den Jachthafen zu, Spanien immer im Augenwinkel. Verlässt man beim Streifzug durch Vila Real de Santo António das königlich angeordnete Gebiet, fällt auf, dass auch der Rest der Stadt nach dem gleichen Schema erbaut wurde. Finanziert von wohlhabenden Bewohnern, haben diese das Konzept beibehalten, um ein einheitliches Bild zu schaffen.
Vila Real de Santo António versprüht sehr viel südländischen Charme, neben Portugiesisch hört man häufig Spanisch, denn die Spanier sind es, die hier den Großteil der Touristen ausmachen. Viele kommen auch als Tagestouristen, oft mit der Fähre oder über die Brücke am Fluss, um im Nachbarland einkaufen zu gehen. Denn die Stadt ist ein wahres Shoppingparadies. In der Unterstadt mit ihren unzähligen Geschäften und Caféterrassen macht das Bummeln und Verweilen besonders viel Spaß. Hier kann man sich treiben lassen. Wer möchte, kann sich auch ein Ticket für eine Bootsfahrt kaufen, um den Blick auf die Stadt von der Wasserseite aus zu genießen. An der Spitze des Hafens steht der Leuchtturm, der über Stadt und Hafen wacht.
Nicht verpassen sollte man definitiv die Gastronomie der Stadt. Mit dem Fischfang eng verbunden, sind Thunfischgerichte in vielen Lokalen die »Spezialität des Hauses«. Aber auch wer nicht so gern Fisch isst, wird keinen Hunger leiden müssen. Der Umstand, dass Vila Real de Santo António bislang von Touristenmassen verschont blieb, macht Essengehen und Kaffeetrinken bis heute gut und günstig.

↑ Im Zentrum des Platzes des Marques de Pombal in der Innenstadt erhebt sich eine Säule.
← Vom Wasser aus kann man die Boote im Hafen von Vila Real de Santo Antonio bestaunen.

TIPP

BADESPASS
Ein Besuch der Bucht von Monte Gordo, die auch bei einem ausgedehnten Spaziergang vom Leuchtturm aus erreicht werden kann, sollte unbedingt eingeplant werden. Hier wartet ein weiter Sandstrand mit Blick auf die Pinienwälder.

NATURERLEBNIS
Im Norden der Stadt erstreckt sich das Naturreservat Sapal de Castro Marim e Vila Real de Santo António, das mit seiner einzigartigen Flora und den zahlreichen Vogelarten einen Besuch lohnt. Es war einst das erste Naturschutzgebiet auf dem portugiesischen Festland. Seine Sumpflandschaft bietet Fischen, Weich- und Schalentieren ideale Fortpflanzungsbedingungen. Auch Weißstörche, Flamingos und Stelzenläufer lassen sich hier das ganze Jahr über beobachten.

DIE VERSCHLAFENE SCHÖNE

Verschlafen, romantisch, schön – das sind die Attribute, die im Zusammenhang mit Tavira zuerst genannt werden. Stark und unerschütterlich sollten ergänzt werden. Kriegen und Naturgewalten mehrfach zum Opfer gefallen, hat es sich jedes Mal wieder erhoben und von Neuem fein herausgeputzt. Das Ergebnis lässt sich noch heute genießen. Eine vorgelagerte Insel, Ilha de Tavira, macht das Ganze perfekt.

Zu beiden Seiten des Flusses Gilhão erbaut und durch eine Bogenbrücke verbunden, wirkt Tavira, als hätte es den Bauboom an der Algarve verschlafen. Zum Glück! Den Portugiesen gilt der Ort als eine der schönsten Städte an der östlichen Algarve. Einst, als Portugal noch eine Kolonialmacht war, soll Tavira die bedeutendste Handelsstadt an der Algarve gewesen sein. Der Handel florierte, Schätze und seltene Waren aus Übersee wurden unter den charakteristischen Walmdächern Taviras (Telhados de tesouro) gelagert. Doch ihre bewegte Geschichte beginnt schon viel früher. Gehen wir also ein wenig zurück in die Vergangenheit: Nach den Phöniziern kamen die Römer und hinterließen eine sie-

2

benbogige Brücke. Ihnen folgten 711 die Mauren und verhalfen Wirtschaft und Kultur zur Blüte. Im 13. Jahrhundert wurde die Stadt von Dom Paio Peres Correia und seinen Rittern erobert. Als Vergeltung für den Tod sieben seiner Ritter, die wohl von den Mauren getötet worden waren, legte er die Stadt in Schutt und Asche. Auf dem Burggelände wurde auf den Mauerresten der Moschee eine Kirche errichtet, die Igreja de Santa Maria do Castelo, besagte sieben Ritter fanden hier ihre letzte Ruhestätte.

Von der Blütezeit in die Versenkung

Zu den Hochzeiten der Entdeckungs- und Eroberungsfahrten war der Hafen von Tavira das Hauptversorgungszentrum der portugiesischen Garnison. Mit Fischfang und -verarbeitung waren ihre wirtschaftlichen Standbeine gesichert. Mit Thunfisch, Salz und Wein machten ihre Händler noch mehr Geld und die Stadt reich. In dieser Zeit wurden viele Herrenhäuser und Kirchen gebaut. Noch auf dem Gipfel des Erfolges kam die Pest (1645). Doch das war nicht der letzte Schicksalsschlag. Das große Erdbeben von 1755 traf auch Tavira schwer und zerstörte die Stadt. Wie Phönix erhob sie sich aus der Asche, es wurde wieder investiert, aufgebaut und restauriert. Vom Castelo ist seitdem nicht mehr viel übrig. Das Ende der Seefahrt war ein erster Schlag für den Handel der Stadt und läutete das Ende einer Ära ein. Der zweite kam zu Beginn des 19. Jahrhunderts, als Thunfisch und Sardinen ausblieben. Danach fiel Tavira in einen langen Schlaf.
Welch ein Glück für alle, die heute zu Besuch kommen. Denn Tavira hat sich seinen Charme erhalten und wird noch immer nicht von Touristen überrannt. Ein Bummel durch die Gassen erinnert an alte Zeiten. Ob vor oder nach einem *meia de leite* (Milchkaffee) in einem der schönen Straßencafés – man sollte einigen der historischen Bauwerke definitiv einen Besuch abstatten. Die Kirche Igreja da Misericórdia gehört bei einem Besuch Taviras zum Pflichtprogramm. Erbaut im 16. Jahrhundert, ist sie mit wunderschönen barocken Azulejos und einem Rokokoaltar aus dem 18. Jahrhundert verziert. Die Burgruine oberhalb der Stadt darf ebenfalls nicht fehlen. Viel ist nicht mehr übrig, aber der Garten, in dem Rosen, Feigen und viele andere Pflanzen gedeihen, gleicht einer grünen Oase, und der Blick über die Stadt mit ihren Walmdächern und Schornsteinen ist wunderschön. Ganz in der Nähe ragt der umgebaute Wasserturm auf, in dem sich Taviras Camera obscura befindet, ein dunkler Raum, in dem mithilfe von Spiegeln und Linsen Bilder der Stadt auf eine Leinwand projiziert werden. Der Eindruck, den man dort von Tavira bekommt, ist den Eintritt wert.

↑ Traditionell geflieste Häuser reihen sich in Taviras Viertel Faro entlang der Straßen.
← Die letzten Sonnenstrahlen des Tages beleuchten die Ponte Romana – die römische Brücke, die über den Rio Gilao in Tavira führt.

Tavira lädt auch zum Bummeln und Shoppen ein. Die kleinen Geschäfte sind stilvoll hergerichtet, und die Souvenirs von hier sind nützlich und hübsch anzusehen.
Für einen entspannten Tagesausklang und eine Erfrischung eignet sich die Ilha de Tavira, die man bequem per Fähre vom Anleger unterhalb der alten Markthalle aus erreicht.

TIPP

MITBRINGSEL MEERSALZ

Für all diejenigen, die gerne kochen, hält Tavira das ideale Souvenir bereit: Meersalz. Direkt aus den vor den Toren der Stadt gelegenen Salinen, in Handarbeit aus dem Becken geschoben und von der Sonne getrocknet. Natürlich gut!

PALMSONNTAGSPROZESSION

Wer sich um die Osterzeit in Tavira befindet, der hat am Palmsonntag die Chance, an einer im 18. Jahrhundert vom Karmeliterorden initiierten Palmsonntagsprozession teilzunehmen. Die Römerbrücke ist dann in Lavendelduft gehüllt und strahlt in Grün-Lila. Der Zug geht entlang des Flusses und führt durch die Straßen zurück zur Kirche.

DIE AUTHENTISCHE AN DER ALGARVE

Mit seiner reizvollen Lage an ruhigen Wasserläufen und Lagunen, seinen würfelförmigen Häusern und dem Fischereihafen, der sogleich auf die wichtigste Lebensgrundlage der Stadt verweist, präsentiert sich Olhão unaufgeregt und geschäftig.

Olhão wird nicht von sehr vielen Touristen angesteuert. Das mag an seinem doch recht »jungen« Alter liegen: So stammen die ältesten Häuser vom Ende des 17. Jahrhunderts, und die Hauptkirche Igreja Matriz wurde 1715 fertiggestellt. Historische Sehenswürdigkeiten sucht man vergebens, dafür ist Olhão eine der authentischsten Städte an der Algarve. Hier geht und ging es schon immer um den Fisch. Das Leben der Fischerfamilien hat die Stadt geprägt – eine Stadt, in der das ganz normale portugiesische Leben passiert und die (noch) nicht gänzlich vom Tourismus geprägt ist. Das ist es, was Olhão ausmacht, und der Grund, warum man hier gewesen sein sollte.

Die Markthallen am Wasser mit ihren Türmen sind das Aushängeschild der Stadt. Ringsherum versammeln sich viele Lokale, die frischen Fisch schmackhaft zubereiten. Am Samstag, wenn Markttag ist, tobt hier das Leben, und auch vor den Hallen werden Stände aufgebaut und Waren in alter Manier mit lautem Anpreisen und Feilschen an den Mann und die Frau gebracht. Um die Markthallen herum laden Parkflächen zum Picknick ein. Entlang der Promenade finden sich immer wieder einzelne Bänke, die mit ihren Fliesenbildern die Geschichte der Stadt erzählen.

Ein Besuch in Olhão lässt sich überdies hervorragend mit einem Ausflug zu den Lagunen, Dünen, Sandbänken und Sumpfgebieten des Parque Natural da Ria Formosa verbinden. Und wer im August anreist, kann das Meeresfrüchtefestival miterleben, das die Tradition der Fischerei feiert.

TIPP

MEERESFRÜCHTEFESTIVAL

Fisch ist das tägliche Brot der Stadt, doch jedes Jahr im August gipfelt Olhãos besondere Beziehung zum Meer im Festival do Marisco. Beim Meeresfrüchtefestival steht die ganze Stadt im Zeichen der Köstlichkeiten aus dem Meer.
www.festivaldomarisco.com

↖ Auf dem Wochenmarkt von Olhão finden sich neben Fisch auch Köstlichkeiten wie Feigen und Nüsse.
→ Auf der Promenade von Olhão laden viele Bänken zum Verweilen ein, deren Fliesenbilder die Verbundenheit zum Meer darstellen.

3

O CAHIQUE DE OLHÃO A CAMINHO DO BRAZIL
SOB A PROTEÇÃO DA N.S. DO ROSARIO
PODE EM TEU PEITO
O AMOR DA LIBERDADE O AMOR DO THRONO
TANTO QUE OUSASTE AVENTURAR A VIDA

HAUPTSTADT DER ALGARVE

Faro, seit 1756 Hauptstadt der Region, ist für viele Start- und Endpunkt der Reise. Aber längst nicht alle widmen dieser Stadt einen längeren Aufenthalt. Völlig zu Unrecht, Faro hat Charme, versprüht südländisches Flair, blickt auf eine reiche Geschichte zurück und hat direkt vor der Haustür unberührte Natur zu bewundern.

Die Ursprünge der Besiedlung reichen bis zu den Phöniziern zurück. Zur Zeit der Römer entstand hier eine befestigte Siedlung, das Oppidum Ossonova, das sich zu einem bedeutenden Handelsplatz für Fisch, Öl und Wein entwickelte. Während der Herrschaft der Mauren ab dem 9. Jahrhundert erhielt der Ort den Namen Santa Maria Ibn Harun, in Anlehnung an die Familie, die hier damals regierte. Interessant ist auch die Tatsache, dass die Christen unter maurischer Herrschaft ihren Glauben weiter leben durften. Unter König Alfons III. wurde die Stadt 1249 aus den Händen der Mauren zurückerobert. Nachweislich war das die Zeit des wirtschaftlichen und kulturellen Auf-

4

schwungs. Wie überall in Portugal verließen die Mauren, die nicht zum Christentum konvertieren wollten, nach dem Edikt von 1496 auch Faro. 1577 wurde Faro Bischofssitz, nachdem dieser von Silves hierher verlegt wurde. Nur zwei Jahrzehnte später fielen englische Truppen ein und verwüsteten die Stadt unter dem Kommando von Robert Devereux, dem Earl of Essex. Darauf folgte im 18. Jahrhundert das schwere Erdbeben. Dank der vorgelagerten Lagunen und Dünen waren die Auswirkungen nicht so verheerend wie andernorts. Es gab zwar erhebliche Zerstörungen, aber die große Flutwelle konnte abgehalten werden. Im Anschluss wurde der Stadtkern im klassizistischen Stil wiederaufgebaut, der das Aussehen der Stadt bis heute maßgeblich bestimmt.

Faro im Hier und Jetzt

Wer heute einen Streifzug durch die Stadt unternimmt, dem begegnet ein Stilmix. Immer wieder hergerichtet und nach Zerstörungen neu aufgebaut, finden sich römische und maurische Reste und manuelinische oder auch gotische Elemente in und an den historischen Gebäuden.
Zu einem Besuch gehört der Gang in die *vila adentro* (innere Stadt), den Altstadtkern, der noch komplett von der maurischen Mauer umgeben ist. Zutritt gewährt der Arco da Vila, das klassizistische Stadttor von 1812, das über seinem mittelalterlichen Vorgänger errichtet wurde. Im inneren Teil ist noch der Hufeisenbogen des maurischen Eingangstors *(porta árabe)* zu bewundern, er stammt aus dem 11. Jahrhundert und ist einer der ältesten Portugals. Durch das Straßengewirr geht es nun Richtung Kloster Convento de Nossa Senhora da Assuncão aus dem 16. Jahrhundert. Das Kloster fungiert nicht mehr als solches, sondern beherbergt das städtische Museum. Wer an einem intensiveren Einblick in die Geschichte der Stadt interessiert ist, wird hier fündig.
An der Praça Largo da Sé befindet sich, wie der Name schon verrät, die Sé – die Kathedrale von Faro. Mehr Platz als die Kathedrale nehmen aber die Gebäude des Bischofspalasts ein. Die Grundsteinlegung der Kathedrale erfolgte im Jahr 1251 nach der Rückeroberung durch die Christen. Typisch für diese Zeit, wurde sie an der Stelle erbaut, wo einst die Moschee stand. Bränden und Erdbeben zum Opfer gefallen, zeigt auch sie einen bunten Stilmix, geprägt von Elementen der jeweiligen Epochen, in denen sie wiederaufgebaut und erweitert wurde. Original sind noch der Turm, einige Fenster und zwei der Kapellen.
Die Erkundungstour führt weiter zur Igreja de São Francisco. Dabei passiert man zwei Türme, die das Stadttor Arco do Repouso schützen sollte. Das »Tor zur Ruhe«, das der Legende nach deswegen so heißt, weil König Alfons III. sich hier während der Kämpfe ausruhte, lädt auch heute noch zum Innehalten ein, bevor der Stadtspaziergang fortgesetzt wird. Ganz entspannt kommt man danach zur Igreja de São Francisco. Als Teil eines Klosters wurde sie im 14. Jahrhundert errichtet und im 18. Jahrhundert barockisiert. Diesem Umstand verdanken wir heute noch die vergoldeten Holzschnitzereien, die den gesamten Innenraum überziehen.
Außerhalb der alten Stadtmauer ändert sich auch das Stadtbild, denn die Gebäude hier sind erst nach dem Beben von 1755 entstanden. Wer noch nicht in Évora war, sollte den

← Die Barockkirche Igreja do Carmo steht am nördlichen Rand der historischen Altstadt von Faro.
↑ Das Eingangstor, das zur Altstadt führt, mit Uhr, Glocke und zeitweise Storch.

Weg zur Igreja do Carmo aus dem 18. Jahrhundert auf sich nehmen. Hauptgrund sind nicht etwa die vergoldeten Holzschnitzereien, sondern die Knochenkapelle, Capela dos Ossos, die es, ebenso wie in Évora, auch hier gibt. Die Karmelitermönche verzierten die Wände mit Knochen und Schädeln, um stets an die Vergänglichkeit zu erinnern.
Nach dem Besuch der Knochenkapelle gehen wir einen Teil des Weges wieder zurück bis zur Rua de Santo António. Vom großen Kreisverkehr in Richtung Hafen ist sie eine Fußgängerzone und zeigt die typisch portugiesische Pflasterung *(calcada portugesa)*. Geschäfte, Cafés und Restaurants laden zum Flanieren und Einkehren ein.
Am Ende der Straße liegt der Jardim Manuel Bívar, hier bzw. vorne an der Marina wird es Zeit, sich niederzulassen und mit einem Getränk in der Hand den Blick zu genießen.

Spätestens hier stellt man sich vielleicht auch die Frage, was das für ein lieblicher Duft ist, der einen durch die Stadt begleitet: Es sind die Orangenbäume, immergrüne Dauerblüher und ein Erbe der Mauren, die sie hier einführten. Im Frühjahr gibt es eine weitere Besonderheit, dann klappert es vielerorts in der Stadt. Faro wird auch Storchenstadt genannt, denn hier nisten mehrere Storchenpaare.

Vor den Toren der Stadt

Neben seiner vielschichtigen Historie und der abwechslungsreichen Architektur gibt es noch weitere Gründe, warum Faro etwas mehr Aufmerksamkeit gebührt: Die Lagunenlandschaft, auf die man schaut, gehört zum Parque Natural da Ria Formosa, der sich von Olhão bis Faro erstreckt. Die

Lagunen, Kanäle und Inselchen vor Faros Toren sind traumhaft schön. Von der Anlegestelle Cais das Portas do Mar (unweit des Jardim Manuel Bívar) legt die Fähre Richtung Ilha da Faro und Ilha da Cualtra ab. Der Naturpark hat selbstverständlich mehr als nur zwei Inseln zu bieten. Neben einigen anderen Inseln und Halbinseln ist er Brutgebiet zahlreicher Vogelarten wie Reiher, Löffler, Kormorane, Kraniche oder Störche. Selbst Flamingos bekommt man hier zu sehen. Im Wasser leben mehr als 50 Fischarten, außerdem die Winterkrabbe, eine Delikatesse der Algarve. Etwas Außergewöhnliches ist die Seepferdchenkolonie, die hier heimisch ist.
Wer noch Zeit und Energie hat, der kann auf der Ilha Deserta bis zum Cabo de Santa Maria wandern, am südlichsten Punkt Kontinentalportugals auf den Leuchtturm steigen und die Landschaft aus der Vogelperspektive bestaunen.
Rund zwölf Kilometer nordwestlich von Faro gibt es eine weitere Attraktion: die Igreja São Lorenço dos Matos, die zu den schönsten Kunstschätzen an der Algarve gehört. Von außen ein ganz normales Gotteshaus, überwältig die Kirche ihre Besucher im Inneren. Das Kirchenschiff ist komplett mit weiß-blauen Azulejos ausgeschmückt, und der Altar ist ein eindrucksvolles goldenes Schnitzwerk.

← In der Fußgängerzone von Faro spenden große Sonnensegel etwas Schatten beim gemütlichen Bummel durch die Stadt.
↗ Der ornamentvolle Altar in der Kathedrale Sé in Faro
→ Perspektivenwechsel: mit dem Kajak durch den Naturpark Parque Natural da Ria Formosa

TIPP

SCHIFFFAHRTSMUSEUM
Ein Besuch im Museu Naval ist für alle unabdingbar, die ein wenig mehr in die Geschichte der Seefahrt eindringen möchten. Das Museum ist im Gebäude des Hafenmeisters untergebracht und stellt Modelle historisch bedeutender Schiffe aus. Darunter befindet sich auch ein Modell des Flaggschiffes, mit dem Vasco da Gama seine erste Reise nach Indien unternahm.

ZUM SUNDOWNER AN DIE MARINA
Rechtzeitig vor Sonnenuntergang sollte man sich auf den Weg zur Marina machen und sich einen Platz in der ersten Reihe sichern. Entweder man lässt sich in einem der Lokale nieder oder sucht sich ein Plätzchen davor, um sich dann dem Moment hinzugeben, in dem die Marina und die Lagune von der untergehenden Sonne in die schönsten Orange- und Rottöne getaucht werden.

IM KAJAK DURCH DEN NATURPARK
Faro liegt direkt am Parque Natural da Ria Formosa, die Strände, Lagunen und Dünen sowie die dort heimischen Tiere lassen sich bei einem Spaziergang erkunden. Aber noch besser ist es, sich aufs Wasser zu begeben. Eine entspannte Kajakfahrt mit Guide ändert die Perspektive und bietet die Chance, noch mehr zu entdecken und die einzigartige Natur im Besonderen zu genießen.

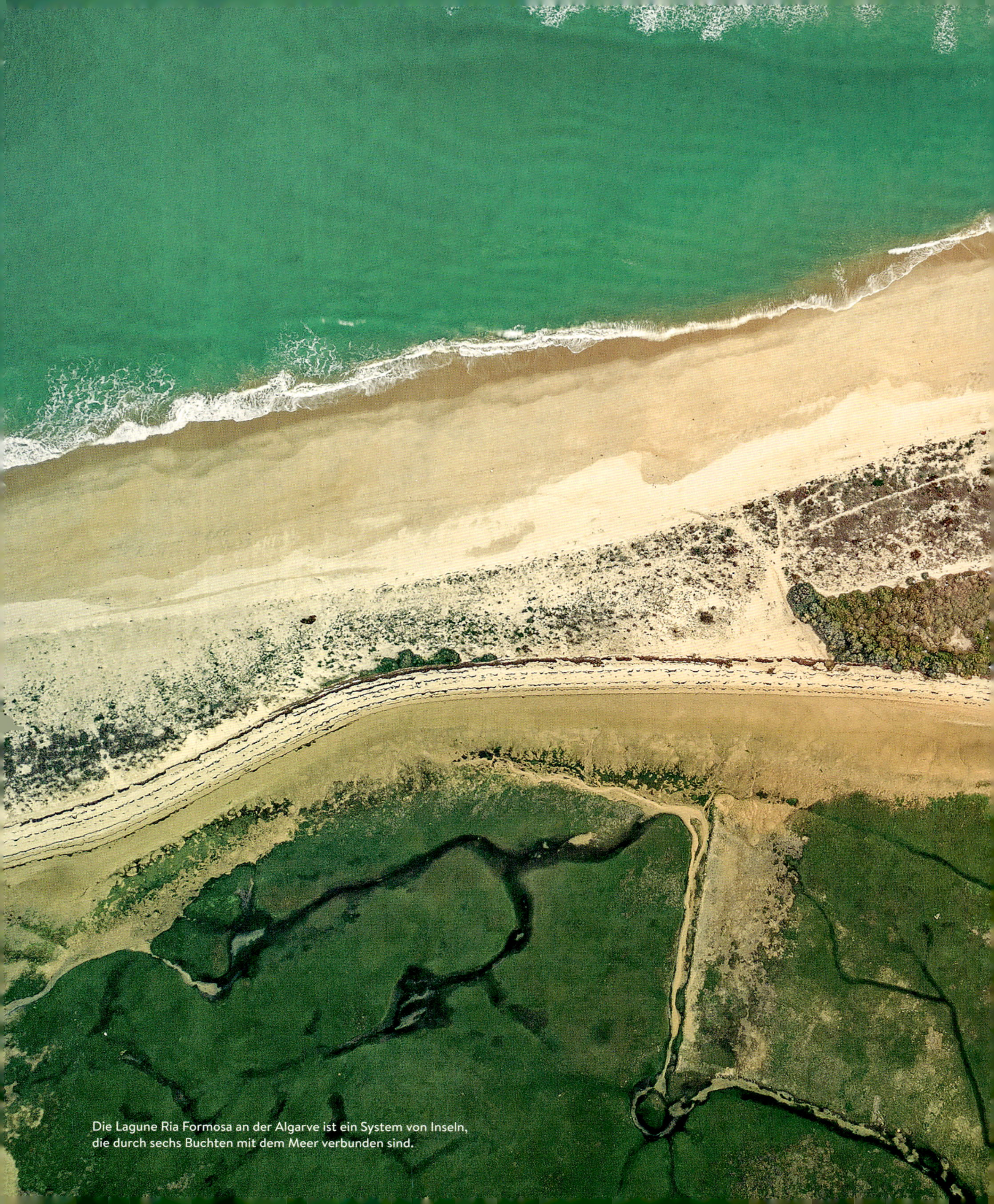

Die Lagune Ria Formosa an der Algarve ist ein System von Inseln, die durch sechs Buchten mit dem Meer verbunden sind.

5

LAGOS

SEEFAHRER UND STRANDSCHÖNHEITEN

Lagos, eine der beliebtesten Städte an der Algarve, zieht die Urlauber vor allem mit seiner unglaublichen Vielzahl von Stränden an. Lagos ist der perfekte Ort für diejenigen, die von allem ein bisschen wollen: Kultur, Natur, Action und Entspannung. Und trotz der vielen Menschen im Sommer ist sich die Stadt immer treu geblieben.

Lagos blickt, nicht zuletzt wegen der exponierten Lage am Meer, auf eine lange Geschichte zurück. Ob Kelten, Phönizier, Griechen, Römer, Mauren und am Ende die Christen, sie alle haben ihren Fußabdruck hinterlassen. Sie alle machten sich das Meer zunutze und trieben Handel. Aber erst mit den Entdeckungsfahrten im 15. Jahrhundert kam für Lagos der entscheidende Aufschwung, und die Stadt wurde unverzichtbar für die Seefahrt. Zu verdanken hat sie das Heinrich dem Seefahrer, Dom Henrique o Navegador, der Lagos aufgrund seiner Nähe zu Afrika als Standort auserkor. Dies hatte zur Folge, dass die Schiffe von hier in See stachen. Hier entwickelte Heinrich seine Karavelle, die wesentlich zu den erfolgreichen Entdeckungen beitrug. Außerdem scharte er alle guten Kartografen um sich und unterzog

seine Kapitäne intensiven Schulungen, bevor er sie auf See entließ. Lagos entwickelte sich zu einer wohlhabenden Stadt. Hier wurde u. a. mit Gold, Elfenbein, Silber, aber auch mit Sklaven gehandelt. Im Zentrum und am Hafen der Stadt erzählen Denkmäler, ein historischer Nachbau der Karavelle und ein Museum (im Fort von Lagos) über die Geschichte der Seefahrt alles, was man wissen muss.
Mit dem Ende der großen Eroberungsfahrten verblassten auch das Ansehen und die Bedeutung von Lagos. Die Zerstörung der Stadt durch das schwere Erd- und Seebeben im Jahr 1755 taten ihr Übriges. Die Stadt wurde erst nach und nach saniert, mit der Wiederbelebung des Handels und dem Aufkommen der Fischkonservenindustrie kam Lagos ab dem 19. Jahrhundert langsam wieder zu Wohlstand. Und Stück für Stück wurde es zu dem lebendigen und liebenswerten Städtchen, das wir heute kennen.

↑ Die Skulptur eines Segelboots ist ein Hingucker und ziert die Küste von Lagos.
← Ein Meisterwerk der Natur sind die im Sonnenlicht gold schimmernden Felsformationen mit ihren Wasserbecken, Höhlen und Grotten der Ponta da Piedade.

Ein Streifzug durch die Stadt

Neben all den Naturschönheiten, die die Stadt umgeben, hält sie natürlich auch noch ein paar Kulturschätze bereit. Selbstverständlich gibt es Überreste einer alten Festung, eine Stadtmauer, die den Ort schon zu Zeiten der Mauren vor unerwünschten Eindringlingen schützte, und eine der hübschesten Kirchen an der Algarve, die Igreja Santo António, deren goldüberzogener Hauptaltar sogar das Erdbeben überlebt hat; ein Großteil der Kirche wurde aber neu gebaut bzw. wiederhergestellt. Heute gehört die Kirche zum Museu Municipal, aber einmal im Jahr fungiert sie zu Ehren des hl. Antonius (13. Juni) wieder als Kirche.
Von der Praça Gil Eanes bis zur Praça do Infante Dom Henrique erstreckt sich eine Fußgängerzone, gesäumt von hübschen Gebäuden aus dem 18. Jahrhundert, zum Teil mit bunten Keramikfliesen bedeckt. In der Fußgängerzone tummeln sich auch gern Straßenmusiker, hier findet das Leben statt. Das Besondere an Lagos ist, dass es auch im Sommer, wenn seine Einwohnerzahl um ein Vielfaches wächst, die gleiche Gelassenheit ausstrahlt wie außerhalb der Saison. Hier kann man das ganze Jahr über etwas erleben, bei Tag und auch bei Nacht. Früh hat Lagos gelernt, sich auf den Tourismus einzustellen, sich aber nicht für ihn zu verbiegen.
Aber nicht nur Flair und Kultur locken die Gäste in Scharen an, sondern und vor allem die vielen tollen Strände, die nicht umsonst zahlreiche Postkarten zieren. Hier findet sicherlich jeder seinen Lieblingstrand!
Auf der Suche nach dem perfekten Strand sollte unbedingt ein Halt an der Ponta da Piedade eingeplant werden, die die Spitze einer Landzunge bildet. Die Grotten und Felsformationen sind wunderschön und leuchten rotgolden im Sonnenlicht. Nicht nur der oberhalb liegende Felsgarten darf erwandert werden, auch die steile Treppe hinunter in die Bucht ist jede Anstrengung beim Wiederhochsteigen wert.

TIPP

LAGOS' MÄRKTE

Jeden Samstag findet gegenüber der Zugbrücke zur Marina ein Bauernmarkt statt, auf dem lokale Erzeuger ihr Obst und Gemüse verkaufen. Und jeden ersten Samstag im Monat lockt der bunte Markt auf dem großen Platz am Ortseingang, wo die *Ciganos* ihre Waren anbieten, viele Besucher aus der Umgebung an.

BOOTSTOUREN

Ob an der Uferpromenade oder direkt am Hafen, hier in Lagos werden verschiedene Touren in kleinen Booten zu den Felsformationen und Grotten der Ponta da Piedade angeboten. Nur vom Wasser aus lassen sie sich gänzlich erkunden und sind von allen Seiten und in ihrer ganzen Pracht zu bewundern. Die lokalen Bootsführer verfügen über ein immenses Wissen und verraten während der Fahrt, welche Namen die Einheimischen für welchen Fels haben. Mit ein wenig Fantasie kann man die Tiere und Figuren, die sie benennen, auch erkennen.

DAS ENDE DER WELT

Die Legende lebt, denn sie wird von Generation zu Generation weitererzählt – die Legende einer Seefahrtsakademie, die Heinrich der Seefahrer hier einst gegründet haben soll. Aber deswegen kommt heute keiner mehr. Heute sind Sagres und das Cabo de São Vicente Anziehungspunkt für Naturliebhaber und Wellenreiter.

Sagres, die südwestlichste Stadt Europas, und ihre vorgelagerte Landzunge galten lange Zeit als das Ende der Welt – bis der griechische Philosoph Aristoteles Zweifel streute. Und ja, man könnte sehr wohl glauben, das sei das Ende, wenn Meer und Himmel am Horizont verschmelzen. Zu Zeiten der Entdeckungsfahrten wurde Sagres ein wichtiges Zentrum und erlebte einen Aufschwung. Heinrich der Seefahrer hatte hier, neben Lagos, einen seiner beiden Standorte, denn Sagres war der letzte Hafen vor Afrika. Mit knapp 2000 Einwohnern ist Sagres heute ein relativ kleiner und gemütlicher Ort. Einen historischen Kern mit wichtigen Denkmälern gibt es nicht. Sagres zieht seit jeher Abenteurer und

6

↑ Eine Delfinschule schwimmt durch das Meer vor Sagres, der südwestlichsten Stadt Europas.
↙ Am »Ende der Welt«, am Cabo São Vicente, lädt der Aussichtspunkt ein, um den Blick auf die unendliche Weite des Ozans schweifen zu lassen.

Naturliebhaber an. Hier, wo einen der Wind um die Ohren bläst und die Kraft der Natur ihre Muskeln spielen lässt, vergisst man den Alltag mit einem Schlag.
Bereits seit den 1980er-Jahren kommen die Touristen, erst waren es Individualtouristen und Naturfans, und bald darauf gesellten sich die Surfer dazu. Viele kleinere und größere Buchten laden mit ihren Stränden und Wellen dazu ein. Entlang der N268 ist dies kaum zu übersehen, die Zahl der Surfschulen und Geschäfte für Surfzubehör ist stattlich. Dennoch ist es ein Miteinander. Während die meisten Surfer bevorzugt am Vormittag und späten Nachmittag kommen, wenn die Wellen am größten sind, bleibt für die Naturliebhaber im und am Wasser die Zeit dazwischen.
Die Region hat nichts von ihrer Anziehungskraft verloren, denn sie hat sich ihre Natürlichkeit bewahrt. Neben Strand- und Buchthopping gibt es aber auch ein paar geschichtlich interessante Plätze, die zu einem Besuch dazugehören.

Zwei Festungen und ein Kap

Südwestlich von Sagres erhebt sich die Festung Fortaleza de Sagres, ein Nationaldenkmal. Innerhalb der Festungsanlage befindet sich ein freigelegter Steinkreis (Rosa dos Ventos), dessen genaues Alter und Zweck unklar sind. Der Kreis, unterteilt in 42 Felder und mit einem Durchmesser von 43 Metern, wird als Windrose (Kompass) interpretiert, könnte aber auch eine Sonnenuhr gewesen sein. Sind manche Fragen bisher noch nicht geklärt, ist man sich aber darin einig, dass der Steinkreis aus der Zeit Heinrichs des Seefahrers stammt, und man geht davon aus, dass er der Navigation bzw. Orientierung diente.
Unweit der Fortaleza de Sagres liegt die kleinere Fortaleza do Beliche. Diese stammt aus dem 15. Jahrhundert, wurde durch Krieg und Seebeben zerstört und war zum 500. Todestag von Heinrich dem Seefahrer 1960 restauriert worden. Aufgrund der Gefahren, die durch Küstenerosion entstanden sind, lässt sie sich nur noch von außen besichtigen. Die Ausblicke lohnen aber dennoch eine Stippvisite, vor allem wenn man diese mit einem Besuch am gleichnamigen Strand (Praia do Beliche) am Fuß der Felsen kombiniert.
Eine weitere Sehenswürdigkeit ist das Cabo de São Vicente. Die Römer nannten das Kap Promontorium Sacrum (Heiliges Vorgebirge), ein magischer Ort am Ende der Welt, an dem die Götter ihren Wohnsitz haben sollten und die Sonne im Meer versinkt. Dem ist nicht viel hinzuzufügen. Einmal dort, möchte man so schnell nicht wieder weg. Die Strahlkraft des Leuchtturms, der über die Klippen wacht, ist immens und reicht weit hinaus. Das kleine Museum erzählt noch ein wenig mehr über das Kap, seine Nutzung und Entstehung. Während man das Glitzern auf dem Atlantik beobachtet und den Blick hin und wieder über die Felsen schweifen lässt, kann es passieren, dass einem der Atem stockt. Auf winzigen Felsvorsprüngen stehen wagemutige passionierte Angler und versuchen ihr Glück auf einen guten Fang.

TIPP

VOGELSCHAU
Im Herbst, meist Anfang Oktober, findet in Sagres das internationale Birdwatching Festival statt. Ornithologen aus der ganzen Welt und die, die es werden wollen, kommen dann nach Sagres und in die Umgebung, um die Zugvögel bei ihrer Pause auf dem Weg zum Winterquartier zu beobachten.
www.birdwatchingsagres.com

EINKAUF AUF DEM MARKT
Wer sich während des Roadtrips anstelle eines Restaurantbesuchs einmal selbst versorgen und dafür lokale Produkte einkaufen möchte, sollte sich in Sagres auf den montags bis samstags stattfindenden Mercado 25 de Abril begeben. Hier wird lokales Obst und Gemüse angeboten, selbstverständlich auch fangfrischer Fisch, Käse und Honig der Region.

AUF DER N2 QUER DURCHS LAND

Die »Route 66 Europas« wird sie genannt, die Nationalstraße N2, die von Chaves im Norden bis Faro an der Algarve führt. Seit 1945 gibt es die Straße, die einmal quer durchs Land verläuft, und noch immer gilt sie als Geheimtipp, zeigt sie doch einen Querschnitt dessen, was Portugal zu bieten hat – Portugal kompakt!

Ob mit dem Motorrad oder Auto, diese Fahrt bleibt in Erinnerung! Auf kaum einer anderen Route kann man so viel über Land und Leute lernen wie auf dieser. Man passiert auf der 739 Kilometer langen Rota de Estrada Nacional 2, wie sie offiziell heißt, elf Berge und elf Flüsse, kommt durch 35 Gemeinden und an vier UNESCO-Welterbestätten vorbei. Mehr als genug Gründe, sie zu fahren. Los geht es hoch oben im Norden kurz vor der spanischen Grenze: in Chaves am Kilometer Null. Dieser befindet sich an einem Kreisverkehr. Bevor man aber startet, steht noch ein Gang in die Touristeninfo an. Dort bekommt man das offizielle Stempelbuch, inklusive einer Karte mit allen Orten entlang der Route. Das Stempelsammeln gehört dazu, außerdem ist es am Ende eine schöne Erinnerung. Bekommen kann man die begehrten Tintenkleckse in den jeweiligen Tourismusbüros der Reisestationen, bei der Feuerwehr oder auch mal direkt aus dem Fenster eines Cafés. Die genauen Adressen findet man im Heft. Eines noch vorweg: Navigationssystem ist gut, Schilder lesen besser. Hin und wieder versuchen die technischen Begleiter, einen von der N2 wegzulotsen.

← Roadtrip-Romantik am Ende des Tages an der Lagoa de Santo André
↙ Korkeichen säumen die Nationalstraße N2 im Alentejo.
↓ Peso da Régua am Ufer des Douro ist das Zentrum der Portweinproduktion.

Dann nichts wie los: Die Strecke ist einfach umwerfend schön. Sie führt durch dichte Wälder, weite Ebenen, über Berge, fantastische Brücken, durch tiefe Täler, über Flüsse, an weniger bekannten Orte, aber auch an dem ein oder anderen touristischen Highlight vorbei. Mal ist sie breiter, dann wieder eng und kurvenreich.
Von Chaves kommend, gibt es den ersten Stempel im weitgehend unbekannten Vila Pouca de Aguiar. Auf dem nächsten Streckenabschnitt lässt sich schon erahnen, was es hier in Spitzenqualität gibt: Wein. Denn bereits in der Gegend um Vila Real sieht man Reben an den Hängen, und hinter Vila Real auf dem Weg nach Peso da Régua taucht man förmlich in die Weinberge ein. Wir befinden uns im Douro-Tal, im Zentrum des Portweins. Auf dem Weg nach Viseu bietet sich ein längerer Stopp im weniger bekannten São Pedro do Sul (Stempel Nr. 8, liegt ein wenig abseits der N2) an. Hier am Fluss des Rio Vouga lohnt sich nicht nur ein Spaziergang am Ufer, sondern auch ein Blick in die Stadt. Dabei entdeckt man die Ruinen römischer Bäder, einen mit Azulejos verzierten Brunnen und Thermalbäder.

Von der Mitte an den Strand

Ab Viseu geht es durch die Landesmitte. Auf diesem Abschnitt liegen unter anderem die Orte Tondela, Penacova, Lousã (ein wenig abseits der N2) und Sertã. In der Region gibt es viele Flussstrände (Praia Fluvial), die im Sommer zu einer willkommenen Erfrischung einladen. In Vila de Rei ist Halbzeit, die Hälfte der Strecke ist geschafft. Zwei Haltestationen weiter ist man in Abrantes, dem letzten Ort nördlich des Tejo. Hier empfiehlt sich ein weiterer Stopp und ein Spaziergang zur Burg. Der Ausblick ist sagenhaft. Man sieht nicht nur den Tejo, sondern kann auch über das Alentejo blicken.
Hat man den Tejo überquert, wird es flacher. In Montemor-o-Novo lohnt es sich wieder, etwas länger anzuhalten. Das Kastell ist einen Besuch wert, hier in den kleineren Orten geht es ruhiger zu. In Coruche lässt sich etwas über die Korkeichen und den Kork lernen – Portugal ist immerhin einer der größten Exporteure der Welt. Aus das letzte Drittel hält noch die ein oder andere Überraschung bereit. Durch das Alentejo geht es weiter durch das Hinterland der Algarve, bis man in Faro das Ziel und die Atlantikküste erreicht hat, wo Sonne, Strand und die herrliche Natur zu Entspannung einladen.
Infos unter: https://www.rotan2.pt/ (auch auf Deutsch)

IM HINTERLAND DER ALGARVE

Im Landesinneren, dort wo die salzige Meeresluft gegen den Duft der Blüten und Wiesen eingetauscht wird, zeigt sich die Algarve von einer ganz anderen Seite. Im Norden wartet die Serra de Monchique darauf, erwandert zu werden, und an der Westküste will das Naturparadies Parque Natural do Sudoeste Alentejano e Costa Vicentina entdeckt werden.

Obwohl die Route nur gut zehn Kilometer von der Südküste entfernt beginnt, kommen wir in einen Teil der Algarve, der den wenigsten bekannt ist und noch den ein oder anderen Kultur- und Naturschatz verbirgt. Der fruchtbare Boden lässt Zitrus-, Feigen-, Johannisbrot- und Mandelbäume gedeihen. Ihre Blütenpracht im Frühjahr taucht die Region in ein Meer aus weißen Blüten. Die Orte schmiegen sich in die Landschaft und sind typisch portugiesisch-charmant. Berge und Wälder runden das Bild ab. Estói, ein unscheinbarer Ort unweit der Küste, ist der Startpunkt dieser Route. Vom Tourismus gänzlich unbeeindruckt, nennt das Dorf einen echten Kulturschatz der Algarve sein Eigen, den Palácio do

INFO

Start: Estói
Ziel: Parque Natural do Sudoeste Alentejano e Costa Vicentina
Länge: ca. 130 Kilometer
Dauer: 3–5 Tage
Beste Reisezeit: April bis Oktober

Die bergige Landschaft der Algave ist mit ihrer Vielseitigkeit hervorragend für einen Roadtrip geeignet.

Visconde de Estói. Gebaut wurde er im 18. Jahrhundert als Lustschloss des Grafen. Heute dient er als Pousada. Die Fassaden können in Augenschein genommen und die Gärten besucht werden. Imposant ist die majestätische Freitreppe, deren Mosaike und Fliesenbilder, Statuen und Brunnen an den Glanz vergangener Zeiten erinnern.

Auf dem kurzen Weg nach **1 Loulé** wird am Ortsrand von Estói noch ein Halt bei den Ruinen von Milreu eingelegt, die Ausgrabungsstätte ist sehr umfangreich. Es können u. a. die Hauptstraße, ein Teil der Kanalisation, die Fundamente einer Villa und Mosaike aus römischer Zeit bestaunt werden. Auf der M520-2 und N125-4 (oder über die Autobahn A22) führt der Weg nach Loulé, mit 70 000 Einwohnern eine recht große Stadt für die Region, dennoch entsteht hier keine Hektik. Im Zentrum erlebt man den portugiesischen Alltag einer Kleinstadt. Sehenswertes hat sie selbstverständlich auch zu bieten. Das Castelo, die neo-maurische Markthalle und die ein oder andere Kirche gehören zu einem Besuch dazu. Loulé eignet sich auch hervorragend zum Shoppen. Sowohl kleinere Geschäfte als auch riesige Einkaufzentren locken zum Ein-

einer Villa und Mosaike aus römischer Zeit bestaunt werden.

Das Bergmassiv Foia in der Serra de Monchique lädt zu einer kleinen Wanderpause ein.

kaufsbummel. In Loulé lassen sich Kultur- und Einkaufserlebnis wunderbar miteinander verbinden.

Nach einem kleinen Stück in nordwestlicher Richung erreicht man **2 Alte**, ein malerisches Bergdorf. Knapp 2000 Menschen leben hier, und ihre Uhren scheinen anders, langsamer zu ticken – optimal zur eigenen Entschleunigung. Beliebt ist Alte vor allem für seine Natur. Entlang des Bachs lässt sich ein wunderbarer Spaziergang unternehmen. An der Quelle Fonte Grande lädt ein Picknickplatz zur Rast ein. Um das leibliche Wohl derjenigen, die den Picknickkorb vergessen haben, kümmert sich das Restaurant. Die kleine Kirche und das Museum gehören zu den sehenswerten Kulturstätten, die der Ort zu bieten hat. Sollte es zu heiß werden, sorgt das Flussbad (Bach) für die richtige Abkühlung.

Weiter auf der N124 führt die Route durch die Weite der grünen Landschaft. Die Straßen sind gesäumt von Oliven-, Johannisbrot- und Feigenbäumen – eine herrliche Strecke, auf der man São Bartolomeu de Messines erreicht. Ausgrabungen und Forschungen haben ergeben, dass der Ort seit Beginn der Menschheit bewohnt ist. Messines, wie die Einheimischen sagen, liegt abseits der Touristenpfade. Berühmtester Sohn des Ortes ist der Dichter João de Deus. Dieser hat sich im 19. Jahrhundert nicht nur mit seiner Lyrik, sondern vor allem mit seinem Kampf gegen Analphabetismus einen Namen gemacht. Für Portugal ist er so wichtig, dass er einen Platz im Nationalen Pantheon in Lissabon erhielt. Die Messines haben ihm ein übergroßes Denkmal gesetzt, außerdem ist ihm ein Museum gewidmet. Die hübsche Dorfkirche Igreja Matriz schließlich sollte bei der Besichtigungstour ebenfalls nicht feheln.

3 Silves, die nächste Station der Route, ist keine Unbekannte und war während der maurischen Herrschaft unter dem Namen Xelb die Hauptstadt der Region Al-Gharb. Über die N124 führt der Weg hierher, stets begleitet von überaus reizvoller Landschaft. Ihrer Bedeutung angemessen bauten die Mauren hier auf einem Ausläufer der Serra de Monchique eine stattliche Festung. Aus rötlichem Gestein errichtet, thront das Castelo über den Dächern von Silves und lädt zu Entdeckungstouren ein. Neben der einzigartigen Burg lohnen sich auch der Gang in die Altstadt, in die man durch das massive alte Stadttor eintritt, und ein Abstecher zur Kathedrale. Silves ist eine der geschichtsträchtigsten Städte des Landes. Von ihrem Ruhm und ihrer Macht ist nicht viel geblieben, nur die baulichen Denkmäler verweisen noch auf die glorreiche vergangene Zeit. Dafür aber empfängt sie ihre Besucher mit ihrer charmanten Art und im Frühling, wenn die Mandelbäume blühen, mit einem weißen Blütenmeer.

Üppig grün und bergig

Die ersten Hügel ließen die Berglandschaft bereits erahnen, und gebirgig geht es weiter. Nächstes Ziel ist die **4 Serra de Monchique**. Der Höhnenzug verlockt zum Wandern. Üppig grün ist es hier, an den Hängen wachsen uralte Steineichen, Magnolienbäume, Pinien und Eukalyptus. Selbst traditionelle Terrassenfelder gibt es bei einem Streifzug zu bestaunen. Hier wird das Auto abgestellt, eine kleine Wanderung tut gut. Die Brände der letzten Jahre haben einiges an Bestand genommen, aber der Wald beginnt sich zu erholen. Zum höchsten Punkt, Fóia, auf 902 Metern wird selbstverständlich hinaufgeklettert, und das Dorf Monchique lädt zum Rasten ein. Von ganz oben kann man sogar das Meer sehen. Durch das Bergland geht es weiter Richtung Küste, und was die Berge können, kann diese auch und zeigt sich üppig grün. Mit einer sagenhaften Vegetation, dazu zerklüften Felsen, Buchten und Stränden sowie dem Castelo de Aljezur ist für die nächsten unvergesslichen Wandererlebnisse gesorgt – willkommen im **5 Parque Natural do Sudoeste Alentejano e Costa Vicentina**, dem Ziel dieser Reise.

RESTAURANTS / ÜBERNACHTUNGEN

EINKEHREN

BICA VELHA (LOULÉ)
Wie so oft lässt sich das Innere von außen kaum vermuten. Die gewölbten Steindecken zusammen mit den schlichten dunklen Holzmöbeln machen es urgemütlich. In der Küche wird mit wenigen regionalen Produkten gezaubert, und die Ergebnisse sind sensationell gut. Für Dessert und eine der besten *bica* (Espresso) sollte unbedingt Platz gelassen werden.
www.bicavelha.com

HALFWAY CAFE & BAR (SILVES)
Ob vor oder nach dem Besuch der Burg von Silves – auf dem Weg kommt man hier vorbei und sollte eine Kaffee- und Kuchenpause einlegen. Das Besitzerpaar ist überaus sympathisch und mehrsprachig, und zur guten Stimmung gibt es fantastischen selbst gebackenen Kuchen und einen guten Kaffee.
https://halfway-cafe.com

RESTAURANTE ABRIGO DA SERRA (AN DER N267 RICHTUNG ALJEZUR)
Hausmannskost ist das Geheimnis des guten Geschmacks. Hier, wo sich Einheimische, »Roadttripper« und Wanderfreunde der Serra treffen, schmeckt mit Blick ins Grüne die deftige bodenständige Küche gleich doppelt gut.
www.facebook.com/CafeRestauranteAbrigoDaSerra

ÜBERNACHTEN

ALTE TRADITION GUEST HOUSE (ALTE)
Inspiriert von Natur und hiesiger Kunst, verbunden mit modernem Komfort, wurden das Haus und die Zimmer gestaltet, und das spürt man. Eine heimelige Atmosphäre empfängt die Gäste. Hier startet man entspannt in den Tag, um das Hinterland der Algarve zu erkunden.
www.zitur.pt

RESIDENCIAL VILA SODRÉ-TURISMO FAMILIAR (BEI SILVES)
Schlicht, einfach, rustikal und familiär – eben typisch portugiesisch ist es hier. Abseits des Trubels und ein Stück außerhalb der Innenstadt genießt man hier die Ruhe. Zum Frühstück gibt es Saft aus den Orangen des eigenen Gartens, später wartet Entspannung im Pool mit Blick auf das Meer oder ein Besuch im Weinkeller des Hauses, der so einige Schätze birgt.
www.residencialvilasodre.pt/en

QUINTA DA IDALINA (SERRA DE MOCHIQUE)
Mitten in der Natur, kommt die Quinta ohne viel Schnickschnack aus und überzeugt mit Natürlichkeit. Hier ist man der Natur ganz nah. An heißen Tagen gibt es eine Erfrischung im Pool, und am Morgen kann das Frühstück unter freiem Himmel mit Weitblick genossen werden.
www.quintadaidalina.pt

PARQUE DE CAMPISMO DO SERRÃO (NAHE ALJEZUR)
Hier zwischen den Bäumen kurz vor den Klippen im Naturpark lässt es sich nach und vor einer Wanderung im Park gut entspannen. Die Stellplätze sind groß, und der Boden ist eben. Für alle, die nicht campen wollen, gibt es auch Bungalows zu mieten.
https://campingserrao.com

Praça Al-Mutamid in Silves: Der Platz ist benannt nach dem ehemaligen Gouverneur aus der Zeit der Mauren, als die Stadt ihre Blütezeit erlangte.

1

LOULÉ

WIRTSCHAFTSZENTRUM MIT KLEINSTADTCHARME

Wann die Stadt gegründet wurde, ist nicht genau bekannt. Dass sie ein hohes Alter beitzt, ist bewiesen, und genau das macht einen Teil ihres Charmes aus. In Loulé wird gelebt – ein Ort, den man bereist, wenn man typisch portugiesische Atmosphäre erleben und dies mit Sightseeing und einem Marktbesuch verbinden möchte.

Von der Stadt Loulé weiß man nicht genau, wann ihre Geschichte begann, wohl aber, dass es schon in vorrömischer Zeit gewesen sein muss. Im Jahr 715, als die Mauren kamen, fanden sie bereits eine Siedlung vor, die sie nur noch erweitern mussten. Burg und Türme stammen aus dem Mittelalter. 1291 richtete der König einen Markt ein, der Loulé zum Handelszentrum machte und dem Ort Wohlstand brachte. Hier kam man nicht durch die Seefahrt zu Geld, sondern durch Handel und Handwerk. Gehandelt wurden vor allem Waren aus der Landwirtschaft im Landesinneren (Mandeln und Feigen) und Handwerkserzeugnisse – wenig überraschend also, dass die Markthalle im neo-maurischen Stil eines von Loulés Wahrzeichen ist. Loulé ist bis heute eine Marktstadt. Der Markt findet täglich außer sonntags statt, und am Samstag gesellen sich weitere Stände vor der Markthalle hinzu. Hier mischen sich eindrucksvoll alte Handwerkskunst mit modernen Ständen und Geschäften.

Geschichte trifft Shopping

Um das, was von Loulés Historie als gesichert gilt, zu erkunden und um seinen Charme zu erleben, startet man einen Stadtrundgang. Da wäre die Praça da República anzusteuern, die sich mit ihren vielen Straßencafés hervorragend eignet, um das Flair zu genießen. Nur ein paar Minuten entfernt steht die Gebetskapelle Ermida de Nossa Senhora de Conceição (16. Jahrhundert), der mit ihrem goldenen Altar und den Azulejos an der Wand Bewunderung gebührt. Von hier schon sehr deutlich zu sehen und auch nur einen Steinwurf entfernt, ragt das Castelo de Loulé auf. Eine restaurierte Wehrmauer und ihre zwei Türme gilt es zu erklimmen.
Wer an Ausgrabungsfunden interessiert ist, kann direkt das archäologische Stadtmuseum besuchen und die Exponate vergangener Zeiten begutachten. Durch die Gassen lässt man sich treiben und kommt unweigerlich zur Igreja Matriz de São Clemente. Die gotisch geprägte Kirche mit ihren drei Schiffen ist im 13. Jahrhundert entstanden. Die fünf Seitenaltäre stammen aus verschiedenen Epochen. Gebaut wurde sie an der Stelle, wo einst die Moschee stand, und ihr Glockenturm war einmal ein Minarett.
Die Kunstgalerie von Loulé ist im Rathaus untergebracht, das sich zwischen Markthalle und Castelo befindet. Nicht nur wegen der Kunstgalerie ist das Rathaus einen Blick wert, hier wächst auch eine über 200 Jahre alte, 45 Meter hohe Araukarie. Ganz in der Nähe des Rathauses liegt das ehemalige Franziskanerinnenkloster Convento do Espirito Santo. Es stammt aus dem 17. Jahrhundert und besitzt einen offenen Klosterhof. In den rosa und weiß getünchten Gemäuern ist ein Zentrum für Kunsthandwerk entstanden, eine Kunstgalerie gibt es hier auch. Selbst eine Hochschule ist hier zu Hause: das Instituto Superior Dom Afonso III. Die Markthalle in der Nähe sollte man unbedingt besuchen. Am besten kauft man sich einen frischen Snack für zwischendurch. Das Angebot ist riesig. Die Waren sind frisch und fast ausnahmslos lokal und regional: Brot, Fleisch, Fisch, Obst, Gemüse, Käse, Öl. Wer in den kleinen, gut sortierten Läden nicht fündig geworden ist, aber noch ein Schnäppchen oder ein Souvenir sucht, der kann sich in die Shoppingmall südlich der Stadt begeben.

↑ In Loulé landet auch manche Werbung auf Fliesen.
← Die sehenswerte Markthalle von Loulé wird am Abend festlich beleuchtet.

TIPP

SALZGEWINNUNG
Neben der Seefahrt und dem Fischfang spielten der Abbau und Vertrieb von Salz an der Algarve immer schon eine wichtige Rolle. Darum ist eine Tour in das Salzbergwerk von TechSalt eine gute Gelegenheit, um mehr über diese Form der Salzgewinnung zu erfahren. In 230 Metern Tiefe lassen sich nicht nur die Kammern bewundern, sondern es kann auch jede Menge über das »Weiße Gold« gelernt werden.
www.TechSalt.pt

SPIEL UND SPASS FÜR KINDER
Für Familien mit Kindern, gibt es im 30 Minuten entfernten Albufeira zwei Möglichleiten zum Ausgleich für Sightseeing und Kultur: zum einen die Minigolfanlage Minigolf Adventure Park und zum anderen die Krazy World, einen interaktiven Zoo, in dem mit den Tieren auf Tuchfühlung gegangen werden kann.
www.albufeiraminigolf.com und www.krazyworld.com

ALTE

EINE ECHTE SCHATZKISTE

Alte ist ein malerisches Bergdorf am Rand der Serra do Caldeirão. Weiße Häuser leuchten mit der Sonne um die Wette, die typischen Chaminés zieren ihre Dächer. Die Einwohner strahlen Ruhe und Gelassenheit aus, und in der Natur sind ein paar kleinere Schätze verborgen. Ein Ort zum Durchatmen.

Das kleine Dorf Alte bietet all denjenigen Zuflucht, die vom Trubel der Küstenstrände eine Pause brauchen. Dabei wird man überrascht sein, wie viel dieser kleine Ort und seine ihn umgebende Natur zu bieten haben: Quellen, ein Flussbad, einen Wasserfall, ein kleines Museum, nette Menschen, eine hübsche Kirche und einen berühmten Sohn – alles, was es für einen abwechslungsreichen und entspannten Aufenthalt braucht. Von Loulé kommend, fährt man auf der N124 bis zum Kreisverkehr, nimmt die Ausfahrt Av. 25 de Abril und parkt das Auto dort. Danach geht es zu Fuß weiter. Die Igreja Matriz de Alte ist der auserkorene Startpunkt für den Dorfrundgang. Der ursprüngliche Bau des Gotteshauses

↑ Natur pur: Der Wanderweg von Salir nach Alte führt durch Wiesen und Wälder.
↙ Eine regionale Tapasbar in dem kleinen Ort Alte

stammt aus dem 13. Jahrhundert, wurde im 16. Jahrhundert umgebaut und immer wieder renoviert. Ins Auge fällt sogleich das Kirchenportal, das im Manuelinischen Stil gebaut ist. Der Altarraum wurde im 18. Jahrhundert mit Azulejos ausgeschmückt. Andere Elemente wie das rechteckige Fenster an der Vorderseite stammen aus dem 19. Jahrhundert, als die Kirche erneut renoviert wurde.
Im Anschluss gilt es, etwas über das Dorf und seine Vergangenheit zu erfahren: Auf dem Programm steht ein Gang ins Pólo Museológico de Alte. Dort, wo sich heute das Museum befindet, stand früher das Haus der Grafen von Alte. Das Museum zeigt einen Querschnitt aus Kultur und Geschichte. Hier erfährt man auch, dass Alte der Geburtsort eines großen Dichters war – Francisco Xavier Cândido Guerreiro. In die Literaturgeschichte ging er mit seiner Poesie ein, die einen Hang zum Drama hatte. In Loulé steht er auf der Liste ehemaliger Bürgermeister.

Natürlich gut

Nachdem man nun über Land und Leute Bescheid weiß, wird die Natur erkundet. Als Erstes geht es zur kleinen Quelle, der Fonte Pequena. Sie speist den Fluss Alte und befindet sich an der Kreuzung der Rua da Fonte mit einer kleinen weißen Brücke am Largo Sousa Costa. An der Quelle, wo früher die Frauen des Dorfers zusammenkamen, um ihre Wäsche zu waschen und Wasser zu holen, legt man eine Pause ein und genießt das idyllische Plätzchen – ein wunderbarer Ort auch, um den ganz eigenen Rhythmus von Alte zu beobachten. Wer dem Portugiesischen mächtig ist oder eine Übersetzungs-App nutzt, kann sich die Verse von Cândido Guerreiro zu Gemüte führen.
Geht man die Straße nach oben, so stößt man auf die große Schwester der Quelle, die Fonte grande. Der Name bezeichnet nicht nur die Quelle, sondern bezieht das Flussbecken, das in den 1980er-Jahren angelegt wurde, mit ein. Im Schatten der Bäume lädt die Praia Fluvial vor allem im Sommer zu einer Erfrischung ein. Den Strand – Praia – sucht man hier zwar vergebens, aber ein erfrischedes Bad geht auch ohne Strand. Hier fehlt es an nichts: Neben Picknicktischen, einem öffentlichen Grill, Umkleidekabinen und einem stillen Örtchen ist auch für das leibliche Wohl gesorgt.
Eine weitere unerwartete Naturschönheit ist unweit des Dorfzentrums zu finden: der Wasserfall Queda do Vigário. Er stürzt sich 24 Meter tief in ein Becken, das von Feigenbäumen beschattet wird, falls ihm im Sommer nicht das Wasser ausgegangen ist. Erreicht wird der Wasserfall, wenn man dem Weg hinter dem Friedhof folgt. Noch etwas fällt bei einem Rundgang durch Alte mit seinen doch recht steilen Gassen auf: Straßenkunst bzw. Gemälde, die sich überall verstreut finden und wunderhübsch anzusehen sind.

TIPP

AUSFLUG NACH SALIR
Wenn man von Alte aus Richtung Osten fährt, stößt man nach nur acht Kilometern auf Salir. Dieses ursprüngliche Dorf ist auf zwei Hügeln gebaut. Auf dem östlichen der beiden Hügel ist der Ortskern zu finden, auf dem anderen die Überreste eines maurischen Kastells, in dieser Region eher eine Seltenheit.

ESELSSTOUREN
Ein wenig Abenteuer im Hinterland gefällig und keine Lust auf Wandern? Dann sind die geführten Touren von Donkey Tours, rund zwanzig Minuten Fahrt von Alte, genau das Richtige. Ob als Tagestour oder nur für ein paar Stunden, alleine oder mit der ganzen Familie, der Ausflug mit den Eseln durch die Haine wird unvergesslich bleiben.
www.donkey-tours-algarve.com

DIE ORANGENHAUPTSTADT

Unter den Arabern erlangte sie Ruhm und Schönheit und war die Hauptstadt der Region: Xelb war damals ihr Name. Sie galt als schöner als Granada und wichtiger als Lissabon. Kriegerische Auseinandersetzungen und am Ende ein Erdbeben zollten ihren Tribut. Doch ihre mächtige Burg aus rotem Gestein thront noch heute über der Stadt und lässt erahnen, wie mächtig sie einmal war.

Heute ist Silves eine Stadt, die bei einem Gang durch ihre kopfsteingepflasterten Gassen und Straßen ihre bewegte Geschichte erzählt. Überreste aus vergangenen Zeiten finden sich überall, und bei einem Besuch eines ihrer vielen Straßencafés lässt sich die besondere Atmosphäre spüren: die einer entspannten Stadt mit viel Geschichte. Gegründet wurde Silves lange, bevor die Römer kamen. Ihrer Lage am Rio Arade, der ein wichtiger Verbindungsweg zum Meer war, hat sie dies zu verdanken. Der Fluss war es auch, der die Römer anlockte, er war ihr Eingangstor, und auf ihm konnten sie ungehindert Handel mit Öl, Wein und Trockenfrüchten treiben. Es folgten die Westgoten und schließlich die Mauren, unter denen Silves aufblühte. Nicht nur Provinzhauptstadt war sie, auch zu einem Kultur- und Handelszentrum wuchs sie heran. Dichter, Denker und Künstler jener Epoche trafen sich hier und ließen Silves zur Wiege arabisch-

3

andalusischer Poesie aufsteigen. Geblieben sind der Stadt aus dieser Zeit die Burg und ein Brunnen.

Im Wandel der Zeit

Von den Christen 1242 endgültig zurückerobert, wurde Silves wenig später Bischofsstadt, und eine Kathedrale wurde gebaut. Bis zum Beginn des 16. Jahrhunderts konnte die Stadt zumindest ihre wirtschaftliche Bedeutung für die Region beibehalten, nicht zuletzt wegen der Seefahrt. Der Rio Arade begann aber langsam zu versanden und läutete damit das Ende einer Ära ein. Irgendwann wurde die Schifffahrt unmöglich, dazu kam die Verlegung des Bischofssitzes nach Faro. Silves' Untergang war nicht mehr aufzuhalten.
Mit Beginn der industriellen Revolution erwachte die Stadt langsam wieder zum Leben, sie besann sich ihrer Wurzeln und stieg in den Kork- und Trockenfrüchtehandel ein. Das Geld kam, und eine Phase des Wiederaufbaus setzte ein, wie die prächtigen Häuser aus dem 19. Jahrhundert zeigen. Silves hatte aber noch mehr zu bieten und baute den Handel mit Zitrusfrüchten, insbesondere Orangen, immer weiter aus. Die Stadt schaffte es, sich mit den Apfelsinen aus der Region ganz nach vorne zu katapultieren, und so ernannte sie sich selbst zur Orangenhauptstadt. Tatsächlich stammen 70 Prozent der portugiesischen Orangenproduktion von hier. Dies lässt sich auch beim Bummel durch die Stadt wahrnehmen, bei dem man höchstwahrscheinlich den Duft der Früchte oder ihrer Blüten in der Nase hat.
Außer einer saftigen Orange gehört aber noch mehr zu einem Besuch der Stadt. Der Gang zum Castelo de Silves ist obligatorisch, ist es doch immer noch die größte Festungsanlage der Algarve und gilt als das schönste militärische Bauwerk in ganz Portugal. Elf Türme zählt die Burg, und zwei von ihnen flankieren das Doppeltor am Eingang des Gebäudes. Ein Rundgang über die Mauer ist ein Muss und eröffnet herrliche Aussichten: Weit reicht der Blick über Silves und das Arade-Tal mit seinen von Orangenbäumen bedeckten Feldern. Schlendert man danach die Rua da Sé wieder bergab, trifft man auf die Kathedrale. Im gotischen Stil gebaut, kamen nach dem Erdbeben noch andere Stilelemente hinzu. Vorbei an Geschäften mit traditioneller Handwerkskunst und modernem Mancherlei geht es in Richtung Flussufer. Auf dem Weg lassen sich noch der Brunnen aus dem 11. Jahrhundert, der sich im archäologischen Museum befindet, und der Pelourinho, der Pranger, bewundern. Vor dem Spaziergang am Fluss lohnt sich ein Blick in die wunderschöne Markthalle, vielleicht gibt es ja noch etwas für ein Picknick am Wasser mitzunehmen.

↑ In der Burg von Silves finden auch archäologische Ausgrabungen statt.
↙ Am Brunnen im Stadtzentrum hat man einen guten Blick auf die Festung von Silves.

TIPP

UNTER OBSTBÄUMEN

Der Besuch eines Obstgartens ist, hält man sich in Silves auf, so naheliegend und steht dennoch oftmals nicht auf dem Besichtigungsplan. Über die Webseite GetYourGuide lässt sich eine solcher auf einer privaten Plantage buchen. Der zarte Duft der Früchte, eine Verkostung und Genuss pur sind garantiert.
www.getyourguide.de

MONUMENTALES STEINKREUZ

Auf dem Weg von Silves nach São Bartolomeu de Messines trifft man am Ortsausgang auf ein rund drei Meter hohes Kreuz aus Kalkstein, die Cruz de Portugal. Mittlerweile ist es zum Nationalmonument erhoben worden, obgleich man bis heute nicht genau weiß, warum es an dieser Stelle aufgestellt wurde. Zu sehen sind auf der Vorderseite Christus am Kreuz und auf der Rückseite die Kreuzabnahme. Die Stilanalyse ergibt ein Entstehungsdatum, das zwischen dem Ende des 15. und dem Anfang des 16. Jahrhunderts vermutet wird.

4

SERRA DE MONCHIQUE

IM GARTEN DER ALGARVE

Unweit der Strände erhebt sich die Serra de Monchique, sie erstreckt sich bis an die Grenze zum Alentejo und gilt immer noch als Geheimtipp für einen Besuch an der Algarve. Der »Garten der Algarve« lädt mit seinen dichten Wäldern, Bächen, Quellen und duftenden Obstbäumen dazu ein, in eine andere Welt einzutauchen.

Den Strand einen Tag hinter sich lassen, dem Trubel entfliehen und dabei dennoch nicht auf ein erfrischendes Bad verzichten müssen, all das ist möglich in den Bergen der Serra de Monchique. Von ihren höchsten Punkten aus kann man in der Ferne sogar das Blau des Atlantiks sehen, größere und kleinere Bergdörfer bilden kleine Farbkleckse im Grün der Baumkronen.
Während sich die Straße, von Silves kommend, sanft durch die Landschaft schlängelt und die Vegetation immer vielfältiger wird, kommt man nach nur wenigen Kilometern an den Caldas de Monchique vorbei: heißes Quellwasser statt kaltem Meerwasser. Wer nicht baden möchte, kann sich die heilende Kraft des Quellwassers auch in Flaschenform als Água de Monchique mitnehmen. Der Weg führt weiter an Kastanien, Korkeichen, Erdbeerbäumen, Mimosen, ja selbst an Eukalyptusbäumen vorbei zum höchsten Punkt auf 902 Metern, dem Miradouro de Fóia. Oben angekommen, bleibt einem beinahe die Luft weg – der Ausblick ist einfach atemberaubend.

Nach einem ausgiebigen 360-Grad-Blick hat man die Qual der Wahl: wieder ins Auto steigen und weiter zum nächsten Highlight fahren oder doch lieber dem Wanderweg folgen, der Wasserfälle verspricht.
Fällt die Wahl aufs Auto, so wären mögliche Ziele zunächst Monchique, ein hübscher Ort für eine kurze Stippvisite, und danach der von einem Bach mit glasklarem Wasser durchzogene Barranco dos Pisões. Hier wäre unter einer Schatten spendenden, über hundert Jahre alten Platane der perfekte Platz für ein Picknick. Diese Platane wurde unlängst zu einem Monumentalbaum erklärt. Einen kurzen Spaziergang entfernt erzählt eine alte Wassermühle vom Leben in früheren Zeiten. Oder man startet in Monchique eine Wanderung zum zweithöchsten Punkt der Serra de Monchique, dem 737 Meter hohen Picota. Die Route verspricht Abwechslung, einen mittleren Schwierigkeitsgrad und nicht mehr als 250 Meter Höhenunterschied. Den Gipfel gestürmt, wird man mit einer tollen Aussicht belohnt.

Unterwegs im Gebirge

Hier im Gebirge ticken die Uhren langsamer, lässt sich noch beobachten, wie Traditionen aufrechterhalten und alte Handwerkskünste angewandt werden. Ganz gleich, ob passionierter Wanderfreund, Mountainbiker oder Spaziergänger, hier gibt es Routen für jeden Geschmack und jedes Level. Und einmal hier, möchte man so schnell nicht wieder weg, denn es gibt schier unendlich viel zu entdecken. Wer im Vorfeld schon Klarheit braucht, der ist gut beraten, sich eine geführte Tour (auf Deutsch möglich) zu buchen.
Für alle Individualisten kommt hier eine kleine Auswahl möglicher Ziele, die kombinierbar oder einzeln besuchbar sind. Sie erheben keinen Anspruch auf Vollzähligkeit, sondern geben nur Anreize. Die drei ausgewählten Wasserfälle lassen sich sogar vom Miradouro de Fóia aus als Rundtour mit dem Auto verbinden oder sind als Wandertagestour geeignet. Los geht es vom Aussichtspunkt, dem Miradouro, zur Cascata do Barbelote und von dort zur Cascata do Chilrão. Ab hier zeigt sich die Serra de Monchique Stück für Stück von ihrer kurvigen Seite, und auf dem Teilabschnitt zum dritten Wasserfall, der Cascata do Penedo do Buracao, folgt eine Serpentine auf die nächste. Aussichtspunkte, auf verschiedenen Höhen gelegen und mit der Möglichkeit, sich in alle Richtungen umzuschauen, gibt es im Gebirge einige. Fóia und Picota sind als die zwei höchsten schon genannt. Um den Ort Alferce befinden sich gleich mehrere. Das Gute ist: Wer aufmerksam durch die Landschaft gondelt, wird kaum einen verpassen, denn sie sind in der Regel ausgeschildert.

↑ Paradiesisch: Zitronen wachsen am Baum in einem Garten bei Monchique.
← Die dichten Wälder der Serra de Monchique laden ein, in eine andere Welt einzutauchen.

TIPP

DORFBESUCH

Das kleine Örtchen Marmelete ist auf dem Weg nach Aljezur einen Stopp wert. Es ist nicht nur hübsch, sondern die Legende um seine Entstehung lässt einen den Ort gleich noch einmal mit anderen Augen sehen. Einst sollen sich schiffbrüchige Seeleute hier mit dem, was sie retten konnten, niedergelassen und so die Gemeinde aufgebaut haben.

DER GROSSE WANDERWEG

Die Serra de Monchique wird von einigen Routen der Via Algarviana durchzogen. Es lohnt sich, das Auto abzustellen und Teile einer Route oder gar eine ganze Strecke einmal abzulaufen. Monchique eignet sich dabei gut als Orientierungspunkt, denn es ist gleich für mehrere Routen als Start- bzw. Endpunkt gesetzt. https://viaalgarviana.org

TIEF IM WESTEN – EIN NATURPARADIES

Entlang eines fast 100 Kilometer langen Küstenstreifens zieht sich der Naturpark im Westen des Landes. Er ist rau und wild, unberührt seine Buchten und Klippen. Eine einzigartige Tierwelt ist hier heimisch: Fischadler und Weißstörche nisten in den Felsen, und der Fischotter hat hier einen seiner letzten natürlichen Lebensräume in Europa.

Natur kennt keine Grenzen, und so verwundert es nicht, dass die Vielfalt dessen, was die Natur zu bieten hat, schier grenzenlos erscheint. Zoologen und Botaniker aller Herren Länder zieht es hierher in den 1988 eingerichteten, 75 000 Hektar umfassenden Parque Natural do Sudoeste Alentejano e Costa Vicentina, um zu beobachten und zu forschen. Zerklüftete Steilküsten prägen das Landschaftsbild, entstanden durch Erosion und beeindruckend mit ihrer Farben- und Formenvielfalt.

Neben all den Pflanzen und Tieren fühlen sich vor allem Surfer und all diejenigen hier wohl, die Ruhe in der wilden Natur suchen. Die Auswahl an Stränden ist riesig, auch längere sandige Strandabschnitte sind dabei. Die kleineren Buchten, die oftmals versteckt zwischen den Steilküsten und Felsen liegen, müssen zum Teil erklettert werden, was erklärt, warum sie bis heute so ursprünglich geblieben sind. Aus der Serra de Monchique kommend, gelangt man auf der N267 zunächst nach Aljezur und von dort zum Park. Die

5

↑ Ein Surfer reitet noch eine Welle, bevor die Sonne ganz untergeht am Praia do Amado.
← Abendstimmung an der Felsenküste von Porto Covo

weißen Häuser von Aljezur mit ihren roten Dächern schmiegen sich terrassenförmig an den Hang. Über ihnen thronen die Überreste einer Burg. Bevor man den Küstenstreifen erkundet, hat man die Möglichkeit, sich von hier aus einen kleinen Überblick zu verschaffen und eine grandiose Aussicht zu genießen. Nördlich von Aljezur erstreckt sich der Naturpark bis zum Alentejo und in südlicher Richtung entlang der Küste bis zum Cabo de São Vicente.

Felsen, Wellen und eine steife Brise

Vom Massentourismus blieb der Küstenabschnitt bisher verschont und wird es wohl auch bleiben. Denn Sonnenbaden ist hier auf Dauer nichts. Zum langen Liegen ist es zu windig, und die Wassertemperatur beträgt meist etwa vier Grad weniger als an der Südküste. Einmal im Wasser, merkt man schnell, dass es die Brandungswellen in sich haben. Der Aufenthalt in den Fluten gleicht mehr einer Wasserdruckmassage als einem entspannten Bad – gut für die Durchblutung, aber nichts für ein längeres Verweilen im Wasser. Gerade das erfrischend andere Badevergnügen ist möglicherweise für manche ein Grund, hierherzukommen. Sie wissen um das Wetter, sind entsprechend gekleidet und genießen.
Der Naturpark lädt aber nicht nur zum (Abhärtungs-)Bad in die Fluten ein, sondern auch zur Vogelbeobachtung und zum Wandern. Eine kürzere Route für einen ersten Eindruck wird im Folgenden kurz beschrieben. Wer nicht wandern möchte, kann die Küste Richtung Norden und/oder Süden auch abfahren und dort, wo es am besten gefällt, anhalten.

Ein kleiner Eindruck

Von Aljezur geht es über die N120 und N268 nach Carrapateira, hier ist der Strand Praia do Amado ausgeschildert. Es gibt ausreichend Parkplätze. Die Wanderung ist gut sechs Kilometer lang und dauert etwa 90 Minuten. Vom Strand aus wandert man nordwärts die Steilküste von Carrapateira entlang und genießt sagenhafte Aussichten auf den teils wild tosenden Atlantik und die imposanten braun-gelben Felsformationen, die weit ins Meer hinausragen. Nach rund zweieinhalb Kilometern zweigt rechts ein Weg ab, diesem wird Richtung Carrapateira gefolgt. Durch das Hinterland marschiert man zurück zur Praia do Amado. Dort wird man sehr wahrscheinlich Surfer, Bodyboarder oder auch Hobby-Ornithologen treffen.
Der Naturpark verfügt über ein riesiges, 750 Kilometer umfassendes Netz an Wanderrouten. Manche der Wege führen durchs Hinterland, durch die Heide, über Wiesen und Felder. Andere orientieren sich an Kultur und Historie und führen an Kleinstädten und Dörfern mit teils jahrhundertelanger Geschichte vorbei. Wieder andere lassen einen über Stock und Stein entlang der Felsen klettern, den Atlantik im Blick und den Wind immer um die Nase. Dieser Teil der Algarve wird beeindrucken, egal ob man ihn mit dem Auto oder zu Fuß erkundet.

TIPP

AUF SCHUSTERS RAPPEN

Wer sich vorab über die verschiedenen Wanderrouten informieren möchte, der wird auf der Webseite der Rota Vicentina, wie das Wandernetzwerk im Park heißt, fündig. Diese gibt es auch auf Deutsch. https://rotavicentina.com/de/

TRAUMSTRAND IM NORDWESTEN

Die kurze Fahrt zum äußersten nordwestlichen Rand der Algarve lohnt sich! Denn hier befindet sich auf einer Landzunge einer der schönsten Strände der Algarve, die Praia de Odeceixe. Während der gleichnamige Ort Odeceixe mit seinem typisch portugiesischen Charme vor oder nach einem Strandbesuch zum Einkehren einlädt, ist das Badevergnügen am Strand geradezu paradiesisch. Schon bei der Anfahrt, am besten am linken Ufer des Flusses Ribeira de Seixe, erschließt sich einem die Attraktion des Strandes. Die Praia ist nicht nur schön, sondern auch ideal für Familien, da sich der Strand am Flussufer befindet.

Die Steilküste und der Sandstrand von Salema im Parque Natural do Sudoeste Alentejano e Costa Vicentina

STEILKLIPPEN, VULKANE UND EIN GRÜNES PARADIES

Immer grün und mit milden Temperaturen rund ums Jahr begeistert die Blumeninsel Madeira – ein gewaltiger Vulkankegel, der sich über die zerklüftete Landschaft erhebt. Paradiesische Verhältnisse warten auf Sportler jeglicher Art: Golfer, Surfer, Kiter, Mountainbiker und Wanderer – sie alle lieben die Insel.

Madeira ist die wohl bekannteste portugiesische Insel. Häufig wird sie auch als Insel des ewigen Frühlings oder als Hawaii Europas bezeichnet, lädt sie doch das ganze Jahr mit ihren frühlingshaften Temperaturen zum Entdecken ein. Mitten im Atlantik, südwestlich vom portugiesischen Festland und nördlich von Marokko gelegen, lockt Madeira mit Vulkanen, Likörwein, Paradiesvogelblumen und atemberaubenden Küstenstraßen. Die Größe der Insel ist überschaubar, und so lässt sich auch der Roadtrip rund um die Insel ganz entspannt bewältigen.

INFO

Start: Funchal
Ziel: Ponta de São Lourenço
Länge: ca. 185 Kilometer
Dauer: 5–8 Tage
Beste Reisezeit: April bis Oktober

1 Funchal, die Inselhauptstadt, bietet einiges an Sehens- und Erlebenswertem, da-

Der Weg führt vom Achada do Teixeira zum Pico Ruivo, dem höchsten Gipfel der Insel Madeira.

runter die Seilbahnfahrt hinauf nach Monte, die nicht nur des Blicks, sondern vor allem der Korbschlittenfahrt zurück nach Funchal wegen nicht fehlen sollte. Diese besondere Form der Fortbewegung wird für immer in Erinnerung bleiben und ist die perfekte Einstimmung auf die Insel.
Die meisten Sehenswürdigkeiten Funchals liegen dicht beieinander und reihen sich um die Praça do Município. Dazu gehören die Kathedrale, die im 15. Jahrhundert errichtet wurde, etliche Museen, die mehr über die Insel und ihre Bewohner erzählen, und ein Botanischer Garten (Jardím Tropical Monte Palace), der wild, tropisch und fast wie ein verwunschenes Paradies wirkt.
Über die V1/ER101 geht es in knapp 20 Minuten mit dem Auto nach **2 Câmara de Lobos**. Der kleine Fischerort mit seinen bunten Booten, die im Hafen vor Anker liegen, den landestypischen Lokalen und seiner Kirche São Sebastião versprüht mediterranen Charme. Ob mit der Bimmelbahn oder mit dem Mietwagen, die Fahrt zum Cabo Girão von hier ist ein Muss. Auf einer Höhe von 589 Metern befindet sich ein Aussichtspunkt, der gigantische Eindrücke bietet.

Tropische Pflanzen wachsen an der Steilklippe von Cabo Girão im Süden der Insel.

Funchal und Câmara de Lobos sind aus der Vogelperspektive zu bewundern, und sogar Paradiesvogelblumen (Strelitzien), bei uns nur als Schnittblumen bekannt, wachsen hier und verzaubern am Miradouro do Cabo Girão die Besucher. Vom Kap aus erreicht man nach einer gut zehnminütigen Fahrt einen Parkplatz, der als »Estacionamento Calhau da Lapa« ausgeschildert ist. Hier wird das Auto in die Pause gezwungen, um zu Fuß einen noch gut gehüteten Geheimtipp zu erkunden. Einer steilen Treppe nach unten folgend, geht es zu einem Strand, der sich direkt unterhalb der Felsen befindet. Das Besondere enthüllt sich erst, wenn man unten angekommen ist. Von oben nicht sichtbar, sind in die Felsen Höhlen-Wohnungen gebaut, davor offenbart sich dem Besucher das wohl klarste Wasser ganz Madeiras!
Zum nächsten Ziel entlang der Route sind es rund 20 Minuten. In **3 Rabaçal** zeigt die Insel, dass es ihr an Wasser nicht mangelt: sattes Grün, so weit das Auge reicht, dazwischen Wasserfälle und die für Madeira so typischen Levadas (Wasserläufe) inmitten einer Berglandschaft, die überdies mit fantastischen Ausblicken lockt.
Der ER210 und ER101 weiter folgend, führt die Strecke, die grünen Berge auf der einen, die Felsen und den Atlantik auf der anderen Seite, nach Ponta do Pargo. Vom Leuchtturm aus bieten sich am Abend unvergessliche Sonnenuntergänge. Unweit von hier lohnt sich ein Stopp am Miradouro do Teleférico das Achadas da Cruz. Direkt an der Seilbahnstation befindet sich ein Parkplatz. Die Seile fast senkrecht zum Meer hinuntergespannt, befördert die Bahn Besucher aus schwindelerregender Höhe ans Ufer des Atlantiks. Teils gleitet die Gondel wie durch ein Nadelöhr zwischen den Felsvorsprüngen entlang und gewährt atemberaubende Ausblicke.

Entlang der Küsten in den Osten

Die nächste Station der Reise ist **4 Porto Moniz** im äußersten Nordwesten der Insel. Der Ort überzeugt nicht nur mit seiner Lage, sondern auch mit seinem Lavapool. Außerdem gibt es eine alte Festung, die ein wenig über die Geschichte verrät. In die Festung finden sich ein Aquarium und ein wissenschaftliches Zentrum mit einer interaktiven Ausstellung integriert, die den Wissendurst stillt.
Entlang der **5 Nordküste** geht es dann Richtung Osten zur **5 Ponta de São Lourenço.** Die Fahrt entlang der Küste ist ein besonderes Highlight. Rund 70 Kilometer sind es, die mit unzähligen möglichen Zwischenstopps zum Ziel führen. Auf keinen Fall verpasst werden sollte der Miradouro do Véu de Noiva mit herrlichem Blick über die Insel, die Küste und einen Wasserfall, der sich ins Meer ergießt, ebenso die Ruínas de São Jorge, Überreste einer Steinmauer, die zu einer ehemaligen Zuckerrohrmühle gehörten. Zu guter Letzt und der Ponta de Sâo Lourenço schon recht nah, stehen die Casas Típicas (traditionelle Reetdachhäuser) in Santana auf dem Besichtigungsprogramm. Die Ponta de São Lourenço schließlich lädt zum Wandern und Spazierengehen ein. Auch ein Stadtbummel in den nahe gelegenen Orten Carniçal und Santa Cruz bietet sich an.
Madeira steht für Vulkane und Berge, deswegen dürfen Wanderungen im Gebirge nicht fehlen. Ein kleiner Abstecher zum Pico Ruivo und/oder Ribeiro Frio (siehe S. 182) sollten unbedingt eingeplant werden.

RESTAURANTS / ÜBERNACHTUNGEN

EINKEHREN

TABERNA RUEL (FUNCHAL)
Portugiesisch-mediterrane Köstlichkeiten aus dem Meer und vom Land, zusammen mit einer guten Weinauswahl, kommen hier auf den Tisch. Das Auge darf hier gerne mitessen, und mitten in der hübschen Altstadt passt auch das Ambiente zum Essen dazu.
https://tabernaruel.com/en

RESTAURANTE MIRADOURO CRUZ DA CALDEIRA (CÂMARA DE LOBOS)
Ob zum Mittag- oder Abendessen, bei diesem Ausblick kann das Essen schon einmal zur Nebensächlichkeit werden. Im Tal, das einem zu Füßen liegt, sind die Häuser kleine Farbtupfer im satten Grün, das in das tiefe Blau des Atlantiks übergeht. Serviert wird schmackhafte typisch madeirische Küche.
https://pt-br.facebook.com/RestauranteMiradouroCruzdaCaldeira

CONCHINHA (PORTO MONIZ)
Das Meeresrauschen im Ohr genießt man hier eine hervorragende Zwischenmahlzeit. Ob eines der leckeren Sandwiches, Salat oder ein Stück Kuchen spielt keine Rolle, schmecken wird es.
https://conchinha-ar.business.site

ABRIGO DO POISO RESTAURANT (CAMACHA)
Nach einer Wanderung in den Bergen ist man hungrig, auf dem Rückweg lässt es sich gut in das Restaurant einkehren. Hier gibt es eine deftige Stärkung oder eine süße Verführung für den Gaumen, und die Beine dürfen ruhen.
www.facebook.com/poisomadeira

ÜBERNACHTEN

HOSTEL SANTA MARIA (FUNCHAL)
Ob Einzelzimmer in kräftiger Farbe mit frei stehender Wanne oder Schlafsaal, das Hostel in der Altstadt hat für jedes Budget und jeden Geschmack das Richtige. Gemeinschaftsküche, Aufenthaltsraum und Terrasse laden zum Verweilen und zur Kontaktaufnahme ein.
www.santamariafunchal.com

MADEIRA SUNSET COTTAGE (BEI PONTA DO PARGO)
Hoch oben über dem Meer stehen die kleinen Holzhäuser mit Panoramafenstern. Der Name ist Programm. Ob hinter der Scheibe oder auf der kleinen Terrasse, nichts versperrt hier den Blick auf den Sonnenuntergang.
https://madeira-sunset-cottage-lombada-velha.hotel-mix.de

MONTE MAR PALACE HOTEL (SÃO VICENTE)
Auf dem Hügel, das Grün vor der Tür und das Meer zu Füßen, eignet sich das Hotel perfekt, um die Nordküste zu erkunden. Zur Auswahl stehen geräumige Zimmer, aber auch Suiten, in denen der Urlaub mit Kindern zum Vergnügen wird.
www.montemarpalace.com/en/

HOTEL PORTOBAY SERRA GOLF (SANTO ANTÓNIO DA SERRA)
Madeira steht nicht nur für Wandern, sondern man kann hier auch hervorragend Golf spielen. Das Hotel liegt unweit des Golfplatzes und lässt keine Wünsche offen. Mit seiner Lage in Santo da Serra ist es der perfekte Ausgangsort für Wanderungen oder auch, um Kultur und regionale Spezialitäten (auszu)kosten.
www.portobay.com

Die kurvige Straße verläuft im grünen Paradies Madeira.

1

FUNCHAL

EINE BLUMENREICHE, EXPLOSIVE HAUPTSTADT

Funchal, die Inselhauptstadt, hat nicht nur weltweit einmalige Traditionen, sondern weiß auch, wie man Feste feiert. Im Korbschlitten geht es in die Stadt, in ihrem Botanischen Garten fühlt man sich in eine märchenhafte Welt versetzt, und mindestens dreimal im Jahr wird hier ausgiebig gefeiert.

Im Jahr 1419 kam der Seefahrer João Gonçalves Zarco mit seinen Männern auf die Insel und ließ sich im benachbarten Câmara de Lobos nieder, 1421 gründete er Funchal. Während der Zeit der Entdeckungsfahrten wurde der Hafen von Funchal zum letzten Zwischenhalt auf dem Weg vom portugiesischen Festland nach Südamerika, und Funchal gewann an Bedeutung. Mit der Produktion von Zucker und Wein wurden Stadt und Insel wohlhabend.

Überschwemmungen sind auf Madeira nicht selten. Fast vollständig unter Wasser stand Funchal im Jahr 1803. Dank des Wohlstands wurde wiederaufgebaut, und schon Mitte des 19. Jahrhunderts entwickelte sich die Stadt zum Reiseziel des europäischen Adels. Zu den Aristokraten und Reichen dieser Welt gesellten sich bald auch normalsterbliche Urlaubsgäste. Der Tourismus auf der Insel setzte ein, und Funchal begann in den 1960er-Jahren zu boomen.

Eine Fahrt im Korbschlitten

Heute begrüßt die Inselhauptstadt ihre Gäste bereits beim Landeanflug mit einem besonderen Erlebnis – einer Landebahn ganz auf Stelzen gebaut. Das erste Roadtrip-Gefühl macht sich breit, wenn der Flieger zwischen Meer und Felsformation den Boden sucht. Bevor man sich ins Zentrum der Stadt zur Entdeckungstour aufmacht, geht es Richtung Seilbahn und mit dieser hinauf nach Monte, oberhalb von Funchal gelegen. Der Blick über die Stadt ist Genuss pur. Oben angekommen, wird das Ticket zu einer weltweit einzigartigen Fahrt gebucht, die ein unvergessliches Erlebnis verspricht: der Rückweg hinunter nach Funchal im Korbschlitten, ein Abenteuer verbunden mit einer Reise in die Vergangenheit.
Korbschlitten *(Carros de cesto)* waren die ersten öffentlichen Verkehrsmittel auf Madeira. Sie tauchten um etwa 1850 auf und dienten dazu, die Bewohner Montes schnellstmöglich nach Funchal zu befördern. Die zweisitzigen Korbschlitten gleiten auf Holzkufen, geschoben und gesteuert von zwei traditionell in weißem Leinen gekleideten Männern mit einem Strohhut als Kopfbedeckung, die die Gummisohlen ihrer Stiefel als Bremsen benutzen. Toboggan-Fahrer ist ihre Berufsbezeichnung, und ihre Dienstbekleidung ist verpflichtend, was 1931 per Dekret festgelegt wurde.

Im Herzen der Stadt

Die Fahrt führt nicht bis ganz ins Zentrum Funchals, aber mit dem vielen Adrenalin im Körper ist der noch notwendige kurze Abstieg fast schwebend zu bewältigen. Angekommen an der wunderschönen Praça do Município mit ihrem sehenswerten Brunnen und dem zweifarbigen Kieselsteinpflaster aus Lava und Marmor, fällt sofort der barocke Prunkpalast auf, der heute das Rathaus beherbergt.
In der entgegengesetzten Richtung geht es zur Kathedrale – Sé de Funchal – einem gotischen Bau aus dem 16. Jahrhundert, dessen eindrucksvollstes Detail die Zedernholzdecke im Mudejar-Stil ist. Die Straßen und Gassen von Funchal laden zum Bummeln ein. Eine kleine Straße sollte man nicht verpassen, bevor es in den Garten der Stadt geht: die Rua Santa Maria. Sie ist nicht nur die älteste der Stadt, sondern gehört seit 2011 auch zu einem Streetart-Projekt. Die Bilder, die hier an Wänden und Türen entstanden, sind unglaublich beeindruckend und verleihen der Gasse einen neuen Schick. Auf dem Besichtigungsprogramm nicht fehlen darf der Jardim Botânico. Neben den zahlreichen exotischen Pflanzen gibt es auch viele einheimische. Der Garten, durchzogen von verschlungenen Wegen, wirkt wild und tropisch – ein Paradies am oberen Rand der Stadt.

↑ Madeiras Inselhauptstadt feiert alljährlich das farbenfrohe Blumenfest mit einer Parade.
← Die Statue »Springendes Mädchen« von James Butler im tropischen Garten von Funchal

TIPP

FESTE IN FUNCHAL

Nicht verpassen sollte man den spektakulären Karneval im Februar und das farbefrohe Blumenfestival im April/Mai, Ersteres eine farbenprächtige Kostüm-, das zweite eine Blumenwagenparade. Im Juni wird während des Atlantik-Festivals der Internationale Feuerwerkswettbewerb abgehalten, im Rahmen dessen jeden Samstag ein Feuerwerk stattfindet.

IN DIE TIEFEN DES MEERES

Tauchen und schnorcheln kann man an den Küsten Madeiras hervorragend. Zwischen Funchal und Flughafen befindet sich die Tauchschule Manta Diving, von hier aus werden unter anderem Tauchgänge oder Schnorchelausflüge in den Unterwasser-Naturschutzpark und andere Reviere angeboten.
www.mantadiving.com

HOCH HINAUS UND TIEF GEBLICKT

Ein altes Fischerdorf mit Charme führt hinauf zu einem Kap der Superlative und bietet Ausblicke, für die man fast schwindelfrei sein sollte, einen Ortskern, der zum Träumen und Verweilen einlädt, und Sprünge, bei denen einem der Atem stockt.

Mit dem Auto geht es von Funchal aus in knapp 20 Minuten nach Câmara de Lobos. Der kleine Fischerort mit seinen bunten, im Hafen schaukelnden Booten, den landestypischen Lokalen und seiner Kirche São Sebastião bezaubert die Besucher. Die Kirche, die auf eine 1426 gebaute Kapelle zurückgeht, lädt im Zentrum zu einem Besuch ein, bevor es danach in luftige Höhen zur zweithöchsten Steilklippe der Welt geht. Ob mit der Bimmelbahn oder mit dem Mietwagen, die Fahrt zum Cabo Girão ist ein Muss. Auf einer Höhe von 589 Metern gelegen, bietet der Aussichtspunkt gigantische Eindrücke. Ein wenig Schwindelfreiheit ist auf der Glasbodenplattform von Vorteil, alle anderen belohnt der Ausblick für ihren Mut. Unter den Füßen prallen die Wellen des Atlantiks mit voller Wucht gegen die Klippen, die Gischt spritzt in die Höhe. Funchal und Câmara de Lobos sind aus der Vogelperspektive zu bewundern, und man ist so sehr mit den spektakulären Blicken beschäftigt, dass man fast die Paradiesvogelblumen (Strelitzien) übersieht, die am Miradouro do Cabo Girão wachsen. Ab und an halten die Besucher die Luft an – Base-Jumper und Paraglider tummeln sich hier gern und schwingen sich in die Lüfte.
Um den Abstecher nach Câmara de Lobos mit einem weiteren Highlight abzuschließen, fährt man noch ein kleines Stück weiter, bis man den Parkplatz Estacionamento Calhau da Lapa erreicht. Dort geht es über eine steile Treppe hinunter zu einem versteckt liegenden Strand am Fuße der Felsen, der von kristallklarem Wasser umspült wird und herrliches Badevergnügen verspricht.

TIPP

ABSTECHER IN DIE WEINBERGE

Oberhalb von Câmara de Lobos befindet sich in der Gemeinde Estreito de Câmara de Lobos das wichtigste Anbaugebiet für Madeirawein. Ein Abstecher zur Erkundung lohnt sich.

↖ Während des Traubenerntefestes tragen viele Bewohner traditionelle Kleidung.
→ Von der Seilbahn Teleferico Do Rancho aus schweift der Blick über die steilen Klippen, die fast senkrecht zum Ozean abfallen.

2

INMITTEN EINER GRÜNEN OASE

Eines der beliebtesten Wandergebiete auf Madeira lockt mit sattem Grün, Staudämmen, Miniwasserfällen und Levadas, den alten Bewässerungskanälen inmitten der Vulkanlandschaft. Die Wanderungen werden von traumhaften Ausblicken begleitet, und hier und da führt der Weg durch Tunnelsysteme, um von einem Punkt zum nächsten zu kommen.

Ganz so schnell geht es nicht nach Rabaçal. Denn auf dem Weg dorthin wartet eine Besonderheit auf bewundernde Blicke. Mitten auf der Strecke ergießt sich plötzlich und unerwartet der Wasserfall Cascata dos Anjos auf die Straße. Hier heißt es langsam fahren und dem Auto eine Erfrischung gönnen.

Wenige Kilometer weiter folgt schon die nächste Verlockung, die einen Halt einfordert. Diesmal geht es mit dem Boot weiter, denn Meeresbewohner stehen auf dem Programm. Mit dem Team von Lobosonda, das ein Geschäft im Yachthafen von Calheta betreibt, geht es zu Wal- und Delfinbeobachtungstouren hinaus aufs Meer. Lobosondas

3

↑ Die Levadas – Wasserkanäle – ziehen sich über die gesamte Insel Madeira.
↙ Der Wanderweg PR6 führt zur Lagune der 25 Fontes, die von kleinen Wasserfällen gebildet wird.

Mitarbeiter haben nicht nur ein immenses Wissen, das die Besucher an ihren Lippen kleben lässt, sie setzen sich auch gleichzeitig für den Schutz der Tiere ein.

Ein besonderes Naturschutzgebiet

Nun aber nichts wie weiter nach Rabaçal, einem der beliebtesten Wandergebiete der Insel. Sobald das Auto auf einem der meist kostenfreien Parkplätze abgestellt wurde, geht es mit einer Taschen- oder Stirnlampe bewaffnet zu Fuß auf Entdeckungstour. Die Region um Rabaçal zeigt die Insel von ihrer wasserreichen Seite. Hier gibt es sattes Grün, so weit das Auge reicht, Bäume, die wachsen, wie ihnen der Sinn steht, große und kleine Wasserfälle, Staudämme und die für Madeira so typischen Levadas (Wasserläufe) inmitten einer Berglandschaft, die überdies mit fantastischen Ausblicken lockt. Als wären die Gewässer in der Vulkanlandschaft nicht genug, sind in die Wanderwege Tunnelsysteme integriert, die die Besucher zu weiteren Naturschätzen führen.
Was nun aber sind Levadas? Dabei handelt es sich um künstlich angelegte Kanäle, die geschaffen wurden, um das für die landwirtschaftliche Nutzung benötigte Wasser rund um die Insel zu transportieren. Bereits im 15. Jahrhundert wurden die ersten dieser Bewässerungskanäle angelegt. Das Besondere an den Wasserläufen auf Madeira ist, dass sie gut zugänglich sind. Um sie herum ist ein weites Netz an Wanderwegen entstanden, nicht nur hier im Gebiet von Rabaçal.
Im Naturschutzgebiet Rabaçal folgt eine Levada der anderen, man trifft auf Naturbecken, in die sich kleine Wasserfälle ergießen. Zum Grün der Umgebung gesellt sich das Rauschen und Plätschern des Wassers – Genuss pur für Naturliebhaber. Erwandern lässt sich das Ganze auf einer großen Auswahl verschiedener Routen.
Von Câmara de Lobos aus kommend, geht es von der Küste rechts auf die ER211. Die schmale Straße schlängelt sich durch die fast unberührte Natur. Nur ein paar Kilometer, und schon rollt man auf einen Wanderparkplatz direkt an der ER211. Von hier aus gibt es eine kleine beeindruckende Tour durch einen der besagten Tunnel zur Levada das 25 Fontes. Besonders im Sommer bieten die Tunnel eine willkommene Abkühlung.
Eine andere Route führt zur Levada Velha do Rabaçal, einem weiteren der Wasserläufe, die historischen Wert haben, wurden sie doch bereits Ende des 18. Jahrhunderts geplant und Mitte des 19. Jahrhunderts gebaut. Die ausgeschilderte Strecke ist traumhaft. Schmale Wege, gesäumt von Bäumen, die wie ein Dach über den Köpfen der Spaziergänger zusammenwachsen, Wasser, das in Kanälen Richtung Tal fließt, eine üppige Flora und ein herrlicher Blick über die Berge machen die Wanderung zu einem unvergesslichen Erlebnis. Erreicht wird der Ausgangspunkt der Wanderung über die ER110, auf die man, von der Küste kommend, rechts abbiegt.

TIPP

STRANDTAG IN CALHETA
Nach den Wanderungen entlang der Levadas und durch die Tunnel lohnt sich ein Stopp an der Praia de Calheta. Neben einem Sprung ins kühle Nass lässt sich am Sandstrand herrlich verweilen oder im Wasser verschiedenen Wassersportarten nachgehen.

AUSSICHTSPUNKT
Am Miradouro de Raposeira oberhalb von Raposeira Do Logarinho ergeben sich gigantische Ausblicke ins Tal und auf den Atlantik. Und wer noch nicht genug von den Levadas hat, der kann entlang der Levada Prazeres-Raposeira weiterwandern.

Die charmante kleine Stadt Porto Moniz liegt an der nordwestlichen Spitze der Insel.

4

PORTO MONIZ

NATÜRLICHE SCHWIMMBECKEN MIT AUSBLICK

Porto Moniz im Nordwesten Madeiras zählt keine 2000 Einwohner, wartet aber mit einer Vielzahl an Highlights auf. Natürliche Lavapools, Piscina Naturais, eine Festung aus dem 18. Jahrhundert und ein Aquarium locken die Besucher an. Mit der Kirche Santa Maria Madalena do Mar steht hier eine der ältesten der Insel.

Der Adleige Francisco Moniz gründete den Ort im Jahr 1513. Von Beginn an lebten die Menschen hier vom Weinbau und der Fischerei, bis in die 1980er-Jahre sogar vom Walfang. Die Festung São João Baptista wurde um 1730 gebaut und diente dem Schutz vor Piraten. Lange Zeit war das Fort sich selbst überlassen und verfiel. 1998 fing die Gemeinde an, die Festung anhand von Aufnahmen und Bildern originalgetreu wieder aufzubauen. In die Festung integriert findet sich seit 2005 das Aquário da Madeira. Ziel des Aquariums ist es, den Besuchern die Artenvielfalt von Madeiras' Gewässern zu zeigen, diese aber auch zu erhalten. 90 einheimische Arten gibt es zu bestaunen, verteilt auf zwölf Becken.
Ganz in der Nähe stößt man auf einem Spaziergang durch den Ort auf die kleine Igreja Matriz, eine barocke Kirche aus dem 17. Jahrhundert. Nicht mehr im Originalzustand, sondern in renoviertem Gewand steht auf dem Boden der Gemeinde Porto Moniz eine der ältesten Kirchen Madeiras, Santa Maria Magdalena do Mar von 1471.
Am Ende des Sightseeing-Tages geht es zur Entspannung in die Lavapools von Porto Moniz. Entstanden sind diese natürlichen Schwimmbassins durch vulkanische Aktivitäten und Erosion. Umgeben von dunklem Lavagestein und jeden Tag mit frischem Wasser aus dem Atlantik befüllt, eignen sie sich wunderbar auch für Familien mit Kindern zum Schwimmen und Schnorcheln.

← Ebenso wie die natürlichen Schwimmbäder des Ortes, die inmitten der schönen Landschaft zur Abkühlung einladen, …
↗ … gehören die Wellenbrecher zu Porto Moniz.

TIPP

SEILBAHNFAHRT MIT PANORAMABLICK
Der Miradouro do Teleférico das Achadas da Cruz, der auf dem Weg nach Porto Moniz passiert wird, verfügt über eine steile Seilbahn, die alle Passagiere zu atemberaubenden Ausblicken befördert. Wie in einem Nadelöhr geht es zwischen den Felsen hinab.

STRASSE DER UNZÄHLIGEN HIGHLIGHTS

Der Weg vom Nordwesten Madeiras in den Nordosten führt in weiten Teilen entlang der ER101, den Atlantik zur Linken in greifbarer Nähe und fast immer im Blick. Auch hier geizt die Insel nicht mit spektakulären Ausblicken, unbändiger Brandung, grünen Berggipfeln und Miradouros.

Die Fahrt vom Nordwestzipfel Madeiras an die Ostspitze der Insel ist eine wahre Wonne. Dutzende Möglichkeiten zum Anhalten, Verweilen, Wandern und Bewundern warten entlang der reizvollen Strecke. Hier verbinden sich Natur, Geschichte, Moderne und Urlaubsgefühle auf ihre ganz eigene Weise.

In moderatem Tempo, um ja kein Highlight zu verpassen, geht es auf der Küstenstraße ER101 in Porto Moniz los. Bereits nach ein paar Minuten tauchen die ersten Surfspots auf, nicht nur für Wellenreiter ein Grund anzuhalten. Bewundernd sieht man den Surfen zu, wie sie die riesigen sich auftürmenden Wellen reiten.

5

↑ Traditionelle Häuser mit Strohdach finden sich in einigen der Dörfer auf Madeira.
↙ Spektakuläre Natur: Der Blick schweift über ein abgelegenes Dorf, mit Wald bedeckte Hügel und Berge in der Nähe von São Vicente.

Unweit der Spots führt die Strecke an den Ruinen einer alten Fischfarm vorbei, gefolgt von ruhigen Badebuchten und kleinen Wasserfällen, die sich schier aus dem Nichts aus den Felsen heraus nach unten ergießen.

Postkartenmotiv folgt auf Postkartenmotiv

Die Straße säumen Weinreben, die sich, terrassenförmig angebaut, an die Berge schmiegen, kleine Dörfer laden zum Anhalten und einem kleinen Bummel ein. Wanderpfade versprechen eindrucksvolle Ausblicke über die Täler, die Berge oder aufs Meer, Spazierwege führen durch Tunnelsysteme, bei denen schmale Brücken über Schluchten den einen Tunnel mit dem anderen verbinden (Ribeira do Inferno). Versteckte Naturbecken laden zur Badepause, historische Brücken oder die Lavagrotten und das Zentrum für Vulkanismus in São Vicente zum Erkunden ein.
Die Ruínas de São Jorge, Überreste einer Zuckerrohrmühle, gehören in Augenschein genommen, sie erzählen einen Teil der Inselgeschichte und erinnern an eine Zeit, als Madeira noch ein wichtiger Zuckerexporteur war. Danach lockt ein Sprung in die Fluten in der gleichnamigen traumhaften Badebucht. Nicht weit von hier befindet sich eine tolle Picknickmöglichkeit (Boca das Voltas), die sich auch als hervorragender Ort zur Vogelbeobachtung erweist. Ein kleiner Schwenker über die Ortschaft Santana und ein Halt an den Casas Tipicas sollten unbedingt eingeplant werden. Urige, reetgedeckte Häuser sind nicht das, was man auf der portugiesischen Insel vermuten würde. Mindestens eines ist noch ein Original!
Nachdem es auf den ersten zwei Dritteln der Route entlang der ER101 mehr als abwechslungsreich zuging, ist auch der Rest des Weges, der über die ER109 nach Caniçal führt, kurzweilig. Auf dem Weg nach Ponta São Lourenço und dem östlichsten Zipfel der Insel sollte kurz vor dem Ziel ein Wanderstopp eingelegt werden. Hoch oben auf dem Klippenwanderweg Vereda do Lorano kann man sich dem Himmel sehr nah fühlen. Gen Osten folgen noch weitere Levadas, Aussichtspunkte, Strände und die Möglichkeit, sich einen alten Vulkan (Vulcão Penha de Águia) anzusehen. Angekommen auf dem Parkplatz Ponta São Lourenço, geht die Erkundungstour zu Fuß weiter und führt über die Landzunge und durch das gleichnamige Naturschutzgebiet an der östlichen Spitze Madeiras. Die Vogelwelt und seltenen Robben, die man hier beobachten kann, bilden den krönenden Abschluss dieses Roadtrips.

TIPP

BADEERLEBNIS NATURBASSINS

Entlang der Küste zwischen Porto Moniz und São Vicente befindet sich die Poça das Lesmas. Sie besteht aus kleinen Naturbassins, versteckt in den Felsen und unter Felshöhlen. Eine Treppe führt hinunter, für das leibliche Wohl ist gesorgt, und den Blick auf den Atlantik gibt es gratis dazu.

»TYPISCHE HÄUSER« VON SANTANA

Ein Abstecher zu den Casas Tipicas sollte unbedingt eingeplant werden. Die meisten dieser Häuser sind Nachbildungen, aber mindestens eines ist noch original. Bisweilen sind die Besitzer auf Nachfrage bereit, einen Einblick zu geben, und selbst wenn nicht, ist ein Spaziergang durch Santana eine wahre Freude.

AUF DEM DACH DER INSEL

Madeira ist ein Wanderparadies im Atlantik. Über den Wolken ist die Freiheit grenzenlos – und genau das ist das Gefühl, das sich einstellt, wenn man den Pico Ruivo, den höchsten Berg, oder seinen nur minimal kleineren Bruder, den Pico do Arieiro, besteigt oder gar den Panoramaweg nimmt, der die beiden verbindet.

Es gibt unzählige Möglichkeiten, die Insel zu bewandern. Während die meisten Wege ursprünglich zu Transportzwecken von Handelswaren oder zur Instandhaltung der Levadas, der Wasserläufe, gebaut wurden, kommen Wanderer heute in den Genuss eines weitläufigen Wanderwegenetzes, das für jeden Geschmack den geeigneten Weg bietet. Viele der Wege folgen bis heute den ursprünglichen Routen, eine Ausnahme ist der Panoramaweg zum Pico Ruivo. Dieser wurde speziell zur Besteigung von Madeiras höchstem Gipfel (1862 Meter) errichtet. Der Weg vom zweithöchsten Pico do Arieiro (1818 Meter) zum Pico Ruivo ist landschaftlich der spektakulärste. Am Pico do Arieiro beginnt die Wanderung, das wilde Tal Curral das Freiras links und das Ribeira-Seca-Tal rechts im Blick. Steil abfallende Wände mit üppiger Vegetation machen aus dieser eindrucksvollen Wanderung eine der schönsten.

← Der Weg vom Pico Ruivo zum Pico do Arieiro führt durch die Natur der Insel.
↙ Die Berggipfel stechen aus den Wolken hervor: bei Sonnenuntergang am Pico Ruivo.
↓ Von Pico Ruivo geht es abenteuerlich – eng am Berg entlang – zurück zum Pico do Arieiro.

Es gibt mehrere Möglichkeiten, den Pico Ruivo, die Spitze der Insel, zu erklimmen. Für den gemäßigten Wanderfreund empfiehlt sich die Route, die am Parkplatz Achada do Teixeira beginnt. Von hier geht es knapp drei Kilometer weit gen Osten auf den Gipfel. Hin- und Rückweg werden mit etwa zwei Stunden kalkuliert. Besonders begehrt sind die Plätze auf der Spitze auch zu Sonnenauf- und -untergang. An schmaleren Stellen und solchen, an denen der Blick in die Tiefe sehr weit ist, findet man Handläufe. Die Ausblicke über die Landschaft sind unfassbar schön. Spitze Felsen ragen in die Wolken hinein, hier und da ein paar grüne Flecken – Worte allein können es nicht beschreiben.

Gipfelglück und Traumblick

Das Paradestück ist die Wanderung vom kleinen zum großen Bruder und wieder zurück. Diese ist wesentlich anstrengender, denn es sind knapp zwölf Kilometer und 900 Höhenmeter, teils mit Treppen und dunklen Tunneln, zu bewältigen. Konditionell sollte man daher gut aufgestellt sein. Allein die Anfahrt zum ausgeschilderten Parkplatz beim Pico do Arierio ist über die Serpentineenstraße eine kleine Herausforderung, muss man doch hinter jeder Ecke mit umherlaufenden Ziegen rechnen.
Kaum gestartet, präsentiert sich dem Wanderer bereits eine unendliche Gipfelwelt. Der Duft von wildem Lavendel in der Nase begleitet die Tour. Gleich auf den ersten Metern gilt es, einen Kammweg zu überwinden. Nach einem recht angenehmen ersten Kilometer erreicht man den Aussichtspunkt Ninho da Manta. Um den ersten großen Felsen führt eine Art Balkon herum, von dem man einen Blick auf das Tal Faja da Nogueira hat. Hinter dem Ninho da Manta wird es anstrengender. Steintreppen führen hinauf und wieder hinab. Am Ende kommt dann der Verbindungskamm, der, unterbrochen durch Tunnel – fünf an der Zahl –, zum Pico Ruivo führt. In den Tunneln ist Vorsicht geboten, bisweilen muss man den Kopf einziehen. An einer der anstrengendsten Stellen hat die Treppe den passenden Namen »Treppe des Todes«, sie führt fast 30 Minuten lang gen Himmel. Hat man sie erklommen, öffnet sich der Blick, und der Pico Ruivo ruft schon nach einem. Es ist zwar noch ein Stück, aber jetzt wird es wieder etwas entspannter. Das überwältigende Gefühl, es bald geschafft zu haben, übermannt einen, und die Aussicht belohnt. Auf dem Dach der Insel reicht der Blick über Felsen, Täler, zum Pico do Arierio und aufs Meer.

Der Treckingpfad Vereda do Arieiro begeistert Wanderer und Naturliebhaber.

REGISTER

BILDNACHWEIS

Shutterstock: 2/3, 150 (FranciscoMarques), 6/7, 9l., (DaLiu), 10 l., 168 (Pawel Kazmierczak), 14 r. (Ad_hominem), 15 u. (Pinchuk Oleksandra), 16/17 (Anton Gvozdikov), 18 (Klymenok Olena), 19, 20, 98, 142/143 (Sopotnicki), 27 (SvetlanaSF), 28, 29 u. (teddi-viscious), 30/31 (Jan Jerman), 32 (Ruibento), 35 (De Visu), 36 (Guaxinim), 38 (homydesign), 50/51 (onwild), 52 (VVargas), 54 (Raphael Santamaria), 57 (trabantos), 59 (KamilloK), 62 (Nuno Valente Photography), 64 (joyfull), 66 (LifeCollectionPhoto-gra¬phy), 67 (JCDphoto), 68, 69 (Luis Pedro Fonseca), 70 (MI-GUEL G. SAAVEDRA), 71 (ARK NEYMAN), 74 (Celli07), 76 (R.M. Nunes), 78/79 (Momo_46), 84 (Michele Rinaldi), 91 (LALS STOCK), 96 (Steve Photography), 105 (Wirestock Creators), 108 (saiko3p), 114 (paulomachado_9), 120 (Magdalena Paluchow¬ska), 124 (ribeiroantonio), 126 (Rjc9666), 128 (Serhiy Stakhnyk), 131 (Gi Cristovao Photography), 149u. (Takashi Images), 156 (melissamn), 169 (Castro Cicero), 175 (Martin Blazicek), 176/177 (Serenity-H), 178 (Arkady Zakharov);

Lookphotos: 8 l., 12/13, 26, 56, 72, 81, 83, 86, 106/107, 170, (reise-zielinfo.de), 8 r., 42 o., 111, 117, 118, 122, 125, 132, 134, 141u., 141o., 154, 159 (Lubenow, Sabine), 11, 100, 166, 183o., 183u. (Cli-ckAlps), 14l. (Avalon.red2), 15 o., 171 (Leue, Holger), 15 M., 110 (Jalag / Langlotz, Tim), 22, 29 o., 40, 48, 58, 75, 93, 103u., 155, 172 (age fotostock), 23, 33, 47, 49, 99, 104, 112, 119, 127, 160 (Stankie-wicz, Thomas), 34, 60/61, 94/95, 140, 161 (Maeritz, Kay), 39 (Schi-ckert, Peter), 42 u. (Hemis), 44, 55, 80, 153, 158, 173, 180, 181, 182, 184/185, 190/191 (robert¬harding), 45 (Cavan Images), 82, 123, 135 ,162, 164/165 (Merz, Brigitte), 87,92 (Limber¬ger, Bernhard), 88 (Mirau, Rainer), 89 (Aumiller, Sonia), 90 (Vi¬sions from Earth), 101 (van Tonder, Hein), 102 (Bischof, Manuel), 103o. (Adobe Systems Inc.,travelstock44), 115 (Widmann, Thomas Peter), 116, 157 (Jalag / Selbach, Arthur F.), 130 (Mint Images), 131, 163 (Da¬niel Schoenen Fotografie), 138 (Visions from Earth), 139 (Photononstop), 145 (Design Pics), 147 (Greune, Jan), 148 (Delimont, Danita), 152 (Pollex, Sylvia), 174 (Wagner, Hanna), 179 (Saga Photo);

Mauritius images: 9l. (Alamy Stock Photos / Stephan Mink)

Ulrike Jeute: 9 r., 10l., 24, 25, 41, 46, 65, 77, 109, 121 (2x), 136, 137, 144, 146, 149o.

AUTORIN: Ulrike Jeute hat in Spanien und Montréal gelebt und gearbeitet, dabei hat sie einen Teil ihres Herzens an diese Fleckchen Erde verloren. Heute lebt sie mit ihrer Familie wieder in Norddeutschland und erkundet von da die Welt. Ihre Leser entführt sie mit ihren virtuellen Reisen immer wieder zu den schönen Plätzen dieser Erde.

DANKSAGUNG: Ich möchte mich bei allen bedanken, die mir während des Projektes den Rücken gestärkt, mich seelisch und moralisch unterstützt und bei den Vorbereitungen geholfen haben. Ein besonderer Dank geht an »visit Portugal« für die aktive Unterstützung vor Ort in Portugal.

IMPRESSUM

Verantwortlich: Maren Langendorff
Redaktion: Beate Martin
Korrektorat: Linde Wiesner
Layout: BUCHFLINK Rüdiger Wagner
Umschlaggestaltung: Kaj Ritter; BUCHFLINK Rüdiger Wagner
Repro: Ludwig: media
Kartografie: Kartographie Huber, Heike Block
Herstellung: Alexander Knoll
Printed in Turkey by Elma Basim

★★★★★

Sind Sie mit diesem Titel zufrieden? Dann würden wir uns über Ihre Weiterempfehlung freuen.
Erzählen Sie es im Freundeskreis, berichten Sie Ihrem Buchhändler, oder bewerten Sie bei Onlinekauf. Und wenn Sie Kritik, Korrekturen, Aktualisierungen haben, freuen wir uns über Ihre Nachricht an Bruckmann Verlag, Postfach 40 02 09, D-80702 München oder per E-Mail an lektorat@verlagshaus.de.

Unser komplettes Programm finden Sie unter

www.bruckmann.de

In diesem Buch wird aus Gründen der besseren Lesbarkeit das generische Maskulinum verwendet. Weibliche und anderweitige Geschlechteridentitäten werden dabei ausdrücklich mitgemeint, soweit es für die Aussage erforderlich ist.

Empfehlung der Redaktion
Sie sind auf der Suche nach weiterführender Literatur? Dann empfehlen wir Ihnen den Titel »Roadtrips Frankreich« von Hilke Maunder und Klaus Simon.

Umschlagvorderseite: Alpine Straße zwischen dem Encumenada Pass und dem Hochplateau Paul da Serra auf Madeira (age fotostock/Jan Wlodarczyk/mauritius images)
Umschlagrückseite unten: Die »Ponte 25 de Abril« ist Lissabons Wahrzeichen.
Umschlagrückseite oben v.l.n.r.: Die bergige Landschaft der Algarve; Portugal ist beliebt bei Wellenreitern; Campen am Alto Rabagão Damm (auch S. 5).
S.2/3: Portugals Landschaften lassen sich auch gut mit dem Camper erkunden.
S. 6/7: Der Strand Praia da Amoreira in Aljezur.
S. 190/191: Ein malerischer Himmel im Morgengrauen an Madeiras felsiger Küste.

Die Deutsche Nationalbibliothek verzeichnet diese Publikation in der Deutschen Nationalbibliografie; detaillierte bibliografische Daten sind im Internet über http://dnb.d-nb.de abrufbar.

Infanteriestraße 11a
80797 München

ISBN: 978-3-7343-2742-1